CHIAVENATO

Iniciação à Gestão Humana

O GEN | Grupo Editorial Nacional – maior plataforma editorial brasileira no segmento científico, técnico e profissional – publica conteúdos nas áreas de ciências sociais aplicadas, exatas, humanas, jurídicas e da saúde, além de prover serviços direcionados à educação continuada e à preparação para concursos.

As editoras que integram o GEN, das mais respeitadas no mercado editorial, construíram catálogos inigualáveis, com obras decisivas para a formação acadêmica e o aperfeiçoamento de várias gerações de profissionais e estudantes, tendo se tornado sinônimo de qualidade e seriedade.

A missão do GEN e dos núcleos de conteúdo que o compõem é prover a melhor informação científica e distribuí-la de maneira flexível e conveniente, a preços justos, gerando benefícios e servindo a autores, docentes, livreiros, funcionários, colaboradores e acionistas.

Nosso comportamento ético incondicional e nossa responsabilidade social e ambiental são reforçados pela natureza educacional de nossa atividade e dão sustentabilidade ao crescimento contínuo e à rentabilidade do grupo.

Idalberto **Chiavenato**

Iniciação à

Gestão Humana

5ª EDIÇÃO

- O autor deste livro e a editora empenharam seus melhores esforços para assegurar que as informações e os procedimentos apresentados no texto estejam em acordo com os padrões aceitos à época da publicação, *e todos os dados foram atualizados pelo autor até a data de fechamento do livro.* Entretanto, tendo em conta a evolução das ciências, as atualizações legislativas, as mudanças regulamentares governamentais e o constante fluxo de novas informações sobre os temas que constam do livro, recomendamos enfaticamente que os leitores consultem sempre outras fontes fidedignas, de modo a se certificarem de que as informações contidas no texto estão corretas e de que não houve alterações nas recomendações ou na legislação regulamentadora.
- Data do fechamento do livro: 30/08/2022
- O autor e a editora se empenharam para citar adequadamente e dar o devido crédito a todos os detentores de direitos autorais de qualquer material utilizado neste livro, dispondo-se a possíveis acertos posteriores caso, inadvertida e involuntariamente, a identificação de algum deles tenha sido omitida.
- **Atendimento ao cliente:** (11) 5080-0751 | faleconosco@grupogen.com.br
- Direitos exclusivos para a língua portuguesa
Copyright © 2021 by
Editora Atlas Ltda.
Uma editora integrante do GEN | Grupo Editorial Nacional
Travessa do Ouvidor, 11
Rio de Janeiro – RJ – 20040-040
www.grupogen.com.br
- Reservados todos os direitos. É proibida a duplicação ou reprodução deste volume, no todo ou em parte, em quaisquer formas ou por quaisquer meios (eletrônico, mecânico, gravação, fotocópia, distribuição pela internet ou outros), sem permissão, por escrito, da Editora Atlas Ltda.
- Capa: Bruno Sales
- Editoração eletrônica: Set-up Time Artes Gráficas
- Ficha catalográfica

CIP-BRASIL. CATALOGAÇÃO NA PUBLICAÇÃO
SINDICATO NACIONAL DOS EDITORES DE LIVROS, RJ

C458i
5. ed.
Chiavenato, Idalberto, 1936-
Iniciação à gestão humana / Idalberto Chiavenato. - 5. ed. - Barueri [SP] : Atlas, 2022. (Iniciação ; 1)
Inclui bibliografia e índice
ISBN 978-65-5977-351-0
1. Administração de pessoal. 2. Recursos humanos. I. Título. II. Série.

22-792575 CDD: 658.3
 CDU: 005.95/.96

Gabriela Faray Ferreira Lopes - Bibliotecária - CRB-7/6643

À Rita.

*Minha esposa, musa e companheira
que me dá ânimo e inspiração,
calor humano e muita emoção,
dedico este pequeno livro com todo amor.*

Parabéns!

Além da edição mais completa e atualizada do livro *Iniciação à Gestão Humana*, agora você tem acesso à Sala de Aula Virtual do Prof. Idalberto Chiavenato.

Chiavenato Digital é a solução que você precisa para complementar seus estudos.

São diversos objetos educacionais, como vídeos do autor, mapas mentais, estudos de caso e muito mais!

Para acessar, basta seguir o passo a passo descrito na orelha deste livro.

Bons estudos!

uqr.to/hs6d

Confira o vídeo de apresentação da plataforma pelo autor.

Sempre que o ícone aparece, há um conteúdo disponível na Sala de Aula Virtual.

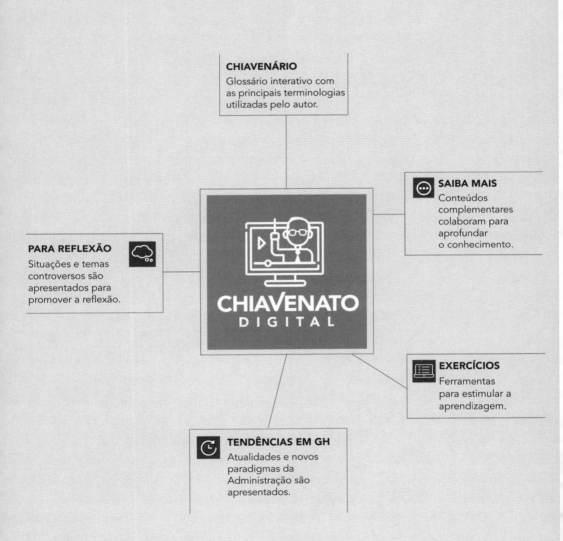

CHIAVENÁRIO
Glossário interativo com as principais terminologias utilizadas pelo autor.

SAIBA MAIS
Conteúdos complementares colaboram para aprofundar o conhecimento.

PARA REFLEXÃO
Situações e temas controversos são apresentados para promover a reflexão.

EXERCÍCIOS
Ferramentas para estimular a aprendizagem.

TENDÊNCIAS EM GH
Atualidades e novos paradigmas da Administração são apresentados.

SOBRE O AUTOR

Idalberto Chiavenato é doutor e mestre em Administração pela City University Los Angeles (Califórnia, EUA), especialista em Administração de Empresas pela Escola de Administração de Empresas de São Paulo da Fundação Getulio Vargas (FGV EAESP), graduado em Filosofia e Pedagogia, com especialização em Psicologia Educacional, pela Universidade de São Paulo (USP), e em Direito pela Universidade Presbiteriana Mackenzie.

Professor honorário de várias universidades do exterior e renomado palestrante ao redor do mundo, foi professor da FGV EAESP. Fundador e presidente do Instituto Chiavenato e membro vitalício da Academia Brasileira de Ciências da Administração. Conselheiro e vice-presidente de Assuntos Acadêmicos do Conselho Regional de Administração de São Paulo (CRA-SP).

Autor de 48 livros nas áreas de Administração, Recursos Humanos, Estratégia Organizacional e Comportamento Organizacional publicados no Brasil e no exterior. Recebeu três títulos de *Doutor Honoris Causa* por universidades latino-americanas e a Comenda de Recursos Humanos pela ABRH-Nacional.

PREFÁCIO

Este livro faz parte da *Série de Iniciação* destinada a quem busca o conhecimento a respeito de assuntos básicos da Administração moderna. Trata-se de uma breve iniciação à Gestão Humana (GH), provavelmente a mais importante, complexa e dinâmica área das nossas organizações de hoje e, principalmente, de amanhã. Aquela que enfrenta os mais significativos e importantes desafios ao sucesso organizacional. Por que razão? Simples! Ela se refere às pessoas que lideram, dirigem e que trabalham nas organizações. Assim, envolve tudo aquilo que antes chamávamos de força de trabalho, envolvendo desde o presidente da empresa até o mais humilde dos trabalhadores. Uma multidão de pessoas em cada organização que vivem do seu trabalho e que precisam e desejam um lugar ao sol. E que projetam e dimensionam todo o contexto de suas atividades dentro de cada organização.

A GH tem sido conhecida por várias denominações ao longo dos tempos. Começou como Administração de Pessoal, Relações Industriais, Administração de Recursos Humanos, Recursos Humanos e vem ganhando outras denominações diferentes, cada qual com uma nova e diferente postura específica em termos de foco principal, mas sempre orientada para a atividade estruturada ao redor dos seres humanos em organizações dos mais diferentes tipos e naturezas.

O fato é que a maioria das organizações ainda utiliza a área da GH para metas e objetivos típicos e focados nos velhos princípios da Era Industrial. Com o computador e com a internet, veio a Era da Informação com alguns ajustes e reajustes devidos à gradativa aceleração das mudanças e transformações. Agora, na Era Digital, subitamente passamos a conviver com avanços extremamente rápidos das modernas tecnologias emergentes e com mudanças radicais, ambíguas, caóticas e voláteis, trazendo novos e diferentes desafios às organizações e às pessoas de maneira intensiva e impactante.

Espero que este livro venha de encontro às expectativas e necessidades dos leitores que desejam iniciar nesta área tão cheia de desafios e tão repleta de gratificações. Lidar com pessoas e construir um mundo novo e agradável com elas constitui uma das coisas mais gratificantes deste mundo. Liderar pessoas, então, eleva-nos a um estágio ainda mais avançado.

Idalberto Chiavenato
www.chiavenato.com

SUMÁRIO

Capítulo 1
GESTÃO HUMANA, 1
1.1 EMPRESAS E SEUS RECURSOS, 2
1.2 CONCEITO DE GESTÃO HUMANA, 4
1.3 OBJETIVOS E FUNÇÕES DA GESTÃO HUMANA, 4
1.4 A MODERNA GESTÃO HUMANA, 5
1.5 PRINCÍPIOS DA MODERNA GESTÃO HUMANA, 7
1.6 POSIÇÃO DA GESTÃO HUMANA NA ESTRUTURA ORGANIZACIONAL DA EMPRESA, 7
1.7 ÓRGÃOS DA GESTÃO HUMANA, 9
1.8 RELAÇÃO PESSOA-TRABALHO, 10
QUESTÕES PARA REVISÃO, 11
REFERÊNCIA, 12

Capítulo 2
RECRUTAMENTO DE PESSOAL, 13
2.1 MERCADO DE TRABALHO E MERCADO DE CANDIDATOS, 13
    2.1.1 Mercado de trabalho, 14
    2.1.2 Mercado de candidatos, 15
2.2 CONCEITO DE RECRUTAMENTO DE PESSOAL, 17
2.3 FINALIDADE E IMPORTÂNCIA DO RECRUTAMENTO, 18
2.4 FASES DO RECRUTAMENTO, 18
    2.4.1 Primeira fase: análise das requisições de funcionários, 19
    2.4.2 Segunda fase: análise das fontes de recrutamento, 20
    2.4.3 Terceira fase: escolha das técnicas de recrutamento, 20
    2.4.4 Quarta fase: escolha do conteúdo do recrutamento, 20
    2.4.5 Quinta fase: recepção da triagem dos candidatos, 21
2.5 FONTES DE RECRUTAMENTO, 21

2.6 TÉCNICAS DE RECRUTAMENTO, 23
    2.6.1 Cartazes na portaria da empresa, 23
    2.6.2 Apresentação de candidatos pelos funcionários da empresa, 23
    2.6.3 Arquivo de candidatos, 23
    2.6.4 Visita a escolas e as universidades, 24
    2.6.5 Anúncios em jornais, revistas, internet ou redes sociais, 25
    2.6.6 Agências de recrutamento, 25
QUESTÕES PARA REVISÃO, 26

Capítulo 3
SELEÇÃO DE PESSOAL, 29
3.1 CONCEITO DE SELEÇÃO DE PESSOAL, 30
3.2 FINALIDADE E IMPORTÂNCIA DA SELEÇÃO DE PESSOAL, 31
3.3 TÉCNICAS DE SELEÇÃO DE PESSOAL, 32
    3.3.1 Entrevista de seleção, 32
    3.3.2 Provas de conhecimentos ou de capacidade, 33
    3.3.3 Testes psicométricos, 35
    3.3.4 Técnicas de simulação, 36
3.4 FASES DA SELEÇÃO DE PESSOAL, 37
3.5 AVALIAÇÃO DOS RESULTADOS DA SELEÇÃO, 40
QUESTÕES PARA REVISÃO, 41
REFERÊNCIAS, 42

Capítulo 4
TREINAMENTO DE PESSOAL, 43
4.1 CONCEITO DE TREINAMENTO, 44
4.2 FINALIDADE E IMPORTÂNCIA DO TREINAMENTO, 45
    4.2.1 Levantamento das necessidades de treinamento, 47
    4.2.2 Programação do treinamento, 48
    4.2.3 Execução do treinamento, 49
    4.2.4 Avaliação dos resultados do treinamento, 52
QUESTÕES PARA REVISÃO, 53

Capítulo 5
RELAÇÕES TRABALHISTAS, 55
5.1 CONSOLIDAÇÃO DAS LEIS DO TRABALHO: IMPORTÂNCIA, FINALIDADE E ASPECTOS GERAIS, 56
5.2 ADMISSÃO DE EMPREGADOS: CONTRATO DE TRABALHO E TIPOS, 58

5.3 REGISTRO DE FUNCIONÁRIOS, 59
5.4 REMUNERAÇÃO DO TRABALHO: FORMAS E DEDUÇÕES, 60
    5.4.1 Salário-mínimo, 61
    5.4.2 Piso salarial, 61
    5.4.3 Salário normativo, 62
    5.4.4 13º salário, 62
    5.4.5 Equiparação salarial, 62
5.5 INTERRUPÇÃO E SUSPENSÃO DO CONTRATO DE TRABALHO, 62
5.6 RESCISÃO DO CONTRATO DE TRABALHO: DEMISSÃO, AVISO PRÉVIO, INDENIZAÇÃO, HOMOLOGAÇÃO E ESTABILIDADE, 63
    5.6.1 Aviso prévio, 64
    5.6.2 Estabilidade provisória, 64
    5.6.3 Indenização por dispensa sem justa causa, 64
5.7 CONTRIBUIÇÃO SINDICAL, 65
5.8 FUNDO DE GARANTIA POR TEMPO DE SERVIÇO (FGTS), 65
5.9 PREVIDÊNCIA SOCIAL: ASSISTÊNCIA E BENEFÍCIOS, 66
QUESTÕES PARA REVISÃO, 67

Capítulo 6
GESTÃO DE SALÁRIOS, 71
6.1 ANÁLISE E DESCRIÇÃO DE CARGOS, 72
6.2 AVALIAÇÃO E CLASSIFICAÇÃO DE CARGOS, 77
6.3 AVALIAÇÃO DO DESEMPENHO, 79
6.4 PLANOS DE BENEFÍCIOS SOCIAIS, 81
QUESTÕES PARA REVISÃO, 83

Capítulo 7
HIGIENE E SEGURANÇA DO TRABALHO, 87
7.1 HIGIENE E MEDICINA DO TRABALHO, 87
7.2 CONDIÇÕES AMBIENTAIS DE TRABALHO, 89
    7.2.1 Iluminação, 89
    7.2.2 Ruído, 90
7.3 SEGURANÇA DO TRABALHO, 91
    7.3.1 Tipos de acidentes no trabalho, 92
    7.3.2 Estatísticas de acidentes, 93
    7.3.3 Causas de acidentes de trabalho, 95
QUESTÕES PARA REVISÃO, 96

ÍNDICE ALFABÉTICO, 99

1 GESTÃO HUMANA

O QUE VEREMOS ADIANTE

- Empresas e seus recursos.
- Conceito de Gestão Humana.
- Objetivos e funções da Gestão Humana.
- A moderna Gestão Humana.
- Princípios da moderna Gestão Humana.
- Posição da Gestão Humana na estrutura organizacional da empresa.
- Órgãos da Gestão Humana.
- Relação pessoa-trabalho.
- Questões para revisão.

Um ser humano sozinho é capaz de fazer muitas coisas e atingir muitos objetivos. Porém, quando se associa a outros, essa capacidade se torna muitíssimo maior. O provérbio "A união faz a força", na sua simplicidade, explica bem o que o ser humano é capaz de fazer quando se associa a outros em organizações sociais. Ao longo de sua história, o ser humano sempre se associou para, em grupo, fazer coisas que sozinho jamais conseguiria. Assim, ao longo da pré-história, surgiu o trabalho em grupo e, posteriormente, as organizações sociais. Com o passar dos tempos, elas foram se desenvolvendo até alcançar o estágio evoluído das modernas organizações em suas diferentes formas.

Hoje, vivemos em uma sociedade composta de organizações sociais: escolas, clubes, igrejas, hospitais, universidades, empresas, sejam industriais (produtoras de bens ou produtos), sejam prestadoras de serviços (bancos, comércio, restaurantes, financeiras etc.). Existem organizações públicas, como as empresas estatais, os órgãos governamentais, as repartições públicas, as instituições militares etc. São tantas as organizações sociais que o homem moderno passou a depender delas para viver, aprender, trabalhar, repousar, praticar esportes, comer, cuidar da saúde, dos filhos, do próprio dinheiro etc. Assim, nascemos dentro de organizações, vivemos quase todo o nosso tempo dentro delas e até nelas morreremos.

As organizações sociais são entidades compostas de pessoas para atingir determinados objetivos comuns. Não existem organizações sociais sem pessoas. As empresas constituem um exemplo de organização social, pois são compostas de pessoas. Porém, além das pessoas, as empresas precisam possuir determinados recursos para poder funcionar.

Aumente seus conhecimentos sobre **Colaboração, competição e coopetição** na seção *Saiba mais IGH* 1.1

1.1 EMPRESAS E SEUS RECURSOS

As empresas são organizações sociais que utilizam recursos para atingir objetivos. Quanto a estes, existem empresas lucrativas, quando o objetivo final é o lucro, e empresas não lucrativas, quando o objetivo final é a prestação de algum serviço público, independentemente do lucro. Lucro é o excedente entre a receita obtida e a despesa efetuada em determinada empresa. O lucro constitui a remuneração do empreendedor que assume os riscos de um negócio. Toda empresa existe para produzir algo: produtos (bens) ou serviços (operações). As empresas que produzem bens são chamadas de industriais, enquanto as empresas que produzem ou prestam serviços são chamadas de prestadoras de serviços. Além da produção, as empresas também precisam colocar seus produtos ou serviços no mercado. Aí surge a comercialização.

Recursos são os meios de que dispõem as empresas para poderem produzir. Quanto mais recursos as empresas tiverem, melhor o seu funcionamento; quanto menos recursos, maiores as dificuldades no alcance dos objetivos. Porém, excesso de recursos significa, quase sempre, aplicação pouco rentável deles. A Administração procura a aplicação rentável dos recursos necessários à obtenção dos objetivos. Existe uma variedade de recursos empresariais, conforme mostrado no Quadro 1.1.

Quadro 1.1 Os recursos empresariais

Recursos empresariais	Fatores de produção	Exemplos
Materiais	Natureza	Edifícios, máquinas, equipamentos, instalações, matérias-primas etc.
Financeiros	Capital	Capital, dinheiro em caixa ou bancos, contas a receber etc.

(continua)

(continuação)

Recursos empresariais	Fatores de produção	Exemplos
Humanos	Trabalho	Pessoas, desde o presidente até o mais humilde dos operários
Mercadológicos		Vendas, promoção e propaganda
Administrativos		Planejamento, organização, direção e controle

 Aumente seus conhecimentos sobre **Recursos na visão dos antigos economistas** na seção *Saiba mais IGH 1.2*

Os recursos organizacionais mais importantes são:

- **Recursos materiais**: são os recursos físicos, como edifícios, prédios, máquinas, equipamentos, instalações, ferramentas, matérias-primas, tecnologias etc.
- **Recursos financeiros**: são os recursos monetários, como o capital, o dinheiro em caixa ou em bancos, os créditos, as contas a receber etc.
- **Recursos mercadológicos**: são os recursos comerciais que as empresas utilizam para colocar seus produtos ou serviços no mercado, como vendas, promoção, propaganda etc. E aqui também estão incluídas uma grande constelação de intermediários entre a empresa e o mercado, tais como atacadistas e varejistas, e uma enorme logística de entregas.
- **Recursos administrativos**: são os recursos gerenciais que as empresas utilizam para planejar, organizar, dirigir/liderar e controlar suas atividades.

A falta de um desses recursos impossibilita o processo de produção e colocação dos bens e serviços no mercado. Assim, todos esses recursos empresariais são importantes.

No passado, incluíam-se também os recursos humanos, os recursos vivos e inteligentes, isto é, as pessoas que trabalham na empresa, desde o presidente até o mais humilde dos operários. Essa é a antiga visão da Era Industrial, fruto da chamada teoria dos recursos. Contudo, os recursos são estáticos, inertes, sem vida própria, padronizados e uniformizados. Portanto, precisam ser administrados como coisas estáticas. Pessoas não. Elas são diferentes entre si, têm vida própria, inteligência, atividade e proatividade e, portanto, devem ser integradas,

 Aumente seus conhecimentos sobre **Recursos Humanos ou Gestão Humana? Uma breve história** na seção *Saiba mais IGH 1.3*

engajadas, impulsionadas, motivadas e lideradas, a fim de proporcionarem a ativação de todos os recursos citados anteriormente.

Para administrar cada um dos recursos empresariais, existe uma área específica na empresa, dirigida, em princípio, por um diretor, conforme Figura 1.1.

Figura 1.1 A administração dos recursos empresariais.

1.2 CONCEITO DE GESTÃO HUMANA

Durante muito tempo, a área de Recursos Humanos (RH) foi conhecida como a área da Administração que cuidava exclusivamente das admissões, do pagamento e das demissões de acordo com a legislação trabalhista vigente. Nos últimos tempos, o conceito de Gestão Humana (GH) passou por uma enorme ampliação. Hoje, ela constitui a área da Administração que cuida do suprimento, da manutenção e do desenvolvimento de todo o potencial humano e de suas competências da empresa. A GH trata de atrair, engajar, manter e desenvolver talentos nas empresas. Assim, ela requer, necessariamente, a conjunção de duas realidades: empresas e pessoas. Sem empresas e sem pessoas, não haveria a GH.

1.3 OBJETIVOS E FUNÇÕES DA GESTÃO HUMANA

A GH procura atingir vários objetivos simultaneamente. Alguns deles estão voltados para a empresa, enquanto outros estão voltados para as pessoas. Vejamos os principais objetivos da GH:

- Proporcionar à empresa os talentos mais adequados ao seu funcionamento, mantendo-os e desenvolvendo-os a longo prazo na organização.

- Proporcionar aos talentos o trabalho e o ambiente de trabalho adequados, de tal modo que se sintam engajados e motivados a permanecer e trabalhar com dedicação.
- Proporcionar condições de perfeito ajustamento entre os objetivos da empresa e os objetivos dos talentos.

Para atingir esses objetivos, a GH deve dedicar-se às seguintes funções principais:

1. Suprir a empresa dos recursos humanos necessários, por meio do recrutamento e seleção de pessoal.
2. Manter e atrair, na empresa, os talentos necessários, por meio de atividade condigna, remuneração, benefícios sociais, higiene e segurança do trabalho.
3. Desenvolver, na empresa, os talentos por meio de treinamento e constante aprendizado ao longo de suas atividades.

Para que essas três funções principais sejam perfeitamente atendidas, a GH dedica-se também a outras duas funções mais abrangentes:

4. Criar entre os talentos – desde os diretores até os colaboradores de nível mais baixo – uma atitude favorável ao relacionamento pessoal e um clima propício à colaboração e ao entrosamento social.
5. Criar condições para que cada gestor lidere a sua equipe de talentos de acordo com normas e critérios (Políticas de Pessoal) estabelecidos pela empresa.

Por isso, é comum a afirmação de que a GH está preocupada basicamente com a qualidade de vida dos talentos dentro das empresas. A qualidade de vida representa o grau de satisfação de cada talento com relação ao ambiente que o cerca dentro do seu trabalho.

1.4 A MODERNA GESTÃO HUMANA

Antigamente, a GH era um órgão isolado que trabalhava solitariamente executando serviços rotineiros como folha de pagamento, admissões e desligamentos de pessoal. Nesse sentido, era um órgão eminentemente burocrático devotado às rotinas de pessoal. Ela foi se ampliando gradativamente e, hoje, é um órgão que compartilha com os demais órgãos da empresa o encargo de liderar talentos. Essa moderna conceituação de GH significa que lidar com pessoas é uma responsabilidade de cada líder. Aliás, uma responsabilidade exclusiva, pois o líder não reparte sua autoridade sobre sua equipe com ninguém, nem mesmo com o gerente da GH. Todavia, em cada empresa existem vários líderes, cada qual com diferentes características de personalidade, de experiência e formação profissional. Para que a GH seja executada de maneira uniforme pelas várias lideranças, deve existir um órgão de GH capaz de:

- Definir normas e critérios (Políticas de Pessoal) que sirvam de base para os líderes lidarem com seus subordinados.
- Prestar serviços de apoio relacionados com pessoal, com o objetivo de liberar os líderes para as responsabilidades de sua área de ação. Assim, a GH presta serviços de apoio em recrutamento e seleção, treinamento, avaliação de cargos e salários, elaboração da folha de pagamento, rotinas de admissão, desligamento, férias etc.

O órgão de GH existe para permitir que cada líder possa lidar com seus subordinados da melhor maneira possível. Em outras palavras, a função da GH é lidar com os talentos por meio de suas respectivas chefias. Assim, a GH descentralizou a sua atuação por meio das lideranças da empresa.

PARA REFLEXÃO

Operacional × Estratégico: o que é mais importante?

Muitas pessoas ainda confundem as atividades operacionais na área de Pessoas com a visão estratégica da GH. O operacional cuida das questões de pagadoria, atua com todas as atividades burocráticas da área que envolvem o pagamento dos funcionários (apontamento do ponto, cálculos de férias, admissão, rescisão, pagamento mensal, horas extras etc.). Os profissionais que atuam com essas atividades devem ficar atentos às mudanças constantes da legislação, especificamente a brasileira. Possuem uma missão muito importante, afinal, a contraprestação do serviço prestado pelo funcionário é sua remuneração direta e indireta (benefícios). Se erros ocorrem nessa área, geram insatisfações e até processos legais para a organização. Quanto à gestão estratégica de pessoas, tem a missão de buscar o engajamento dos funcionários da organização em torno do propósito organizacional, atuando para que as pessoas sejam parceiras da organização e contribuam com seus conhecimentos, habilidades e

atitudes, cujas ações dinamizam a organização. Portanto, passa a ter a missão de trabalhar com instrumentos para a atração, a formação e a retenção de talentos, a fim de ajudar a organização a atingir seus objetivos, proporcionando maior competitividade por meio de um quadro de pessoas bem capacitado e motivado.
Respondendo à provocação do título, tanto o operacional quanto o estratégico são atividades importantes para a GH.

1.5 PRINCÍPIOS DA MODERNA GESTÃO HUMANA

Para atender ao conceito da moderna GH que acabamos de apresentar, existem dois princípios básicos:

1. A GH é uma responsabilidade de linha, ou seja, é uma responsabilidade exclusiva de cada líder em relação à sua equipe.
2. A GH é uma função de assessoria, isto é, um órgão de *staff* que estabelece normas e critérios de pessoal e que executa determinadas atividades especializadas relacionadas com o pessoal.

O atendimento a esses dois princípios é importante para estabelecer um equilíbrio harmônico entre o órgão de GH e as lideranças da empresa. O órgão de GH é o prestador de serviços, enquanto as chefias da empresa são os usuários desses serviços. Ambos os princípios servem para evitar, de um lado, a centralização extrema dos encargos de pessoal no órgão de GH e, de outro lado, a descentralização caótica dos assuntos de pessoal entre os líderes da empresa. Ambos os extremos devem ser evitados para não sobrecarregar o órgão de GH ou as lideranças.

1.6 POSIÇÃO DA GESTÃO HUMANA NA ESTRUTURA ORGANIZACIONAL DA EMPRESA

Como a GH está relacionada com a gestão de um dos mais importantes elementos da empresa, a rigor, o executivo maior do órgão de GH deveria estar presente no nível decisório da empresa, isto é, no nível de Diretoria. É o que acontece em empresas de porte grande e em algumas empresas de porte médio. Nesses casos, a estrutura organizacional ideal seria a apresentada na Figura 1.2.

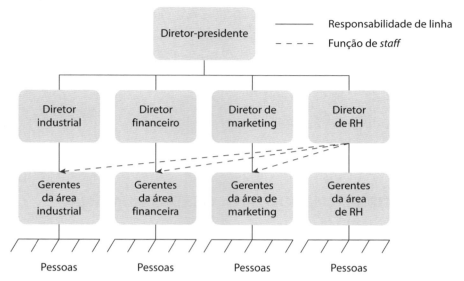

Figura 1.2 Posição do órgão de GH no organograma da empresa.

Nas empresas de porte médio ou pequeno, o número de pessoas é menor, o que não justifica uma Diretoria de GH. Nesse caso, o executivo maior do órgão de GH fica no nível gerencial e não no nível decisório, mas subordinado a uma diretoria que, por não ser especializada na área humana, trata-a de maneira marginal ou superficial. Essa situação pode ser assim representada, como mostrado na Figura 1.3.

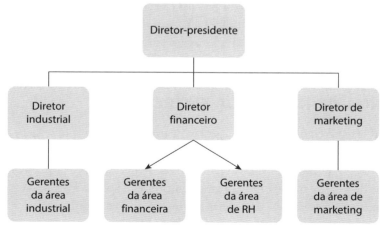

Figura 1.3 Posição do órgão de GH em uma empresa de pequeno e médio porte.

Nas empresas de pequeno porte, a posição do órgão de GH geralmente fica em um nível de chefia ou supervisão. As pequenas empresas dispõem de poucos níveis hierárquicos,[1] e na medida em que crescem, seu crescimento também se faz verticalmente, por meio da criação de maior número de níveis hierárquicos. A mesma coisa acontece com as demais áreas da empresa. Quando a empresa é pequena, o seu número de áreas (departamentos ou seções) também é pequeno, e à medida que cresce, o seu número também se faz horizontalmente, por meio da criação de departamentos (departamentalização) ou seções. Isso representa uma expansão vertical (de níveis hierárquicos) e horizontal (de departamentos ou seções).

1.7 ÓRGÃOS DA GESTÃO HUMANA

O número de órgãos da GH depende diretamente do tamanho da empresa, como acabamos de ver. Por isso, torna-se difícil dizer exatamente quais os órgãos que devem compor a GH. Uma enorme variedade de órgãos em uma empresa de pequeno porte significaria um exagero. Uma pequena variedade de órgãos em uma empresa de grande porte, por outro lado, significaria uma enorme omissão.

Preferimos nos abster do tamanho da empresa e simularmos uma situação ideal de uma empresa de médio porte, na qual os principais órgãos da GH seriam os mostrados no Quadro 1.2.

Quadro 1.2 Os órgãos da GH e suas principais funções

Departamentos	Funções e atividades
Recrutamento e Seleção	Recrutamento e seleção de pessoal
Pessoal	Relações trabalhistas e rotinas de pessoal, admissões, desligamentos, pagamento
Treinamento	Integração e treinamento de pessoal
Administração de Salários	Análise e descrição de cargos, avaliação de cargos, avaliação do desempenho, remuneração
Higiene e Segurança	Medicina, higiene e segurança do trabalho

Os órgãos da GH poderiam ser assim colocados na estrutura organizacional apresentada na Figura 1.4.

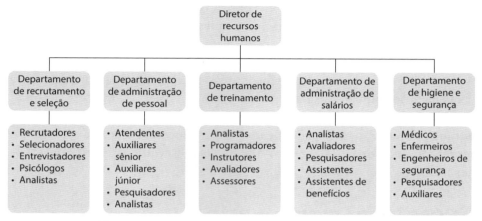

Figura 1.4 Estrutura organizacional do órgão de GH.

Reiteramos que a estrutura organizacional do órgão de GH apresentada na Figura 1.4 deve servir apenas como ponto de referência. Logicamente, cada empresa, em função de suas características, tamanho, natureza, produtos ou serviços, políticas e diretrizes, tende a desenvolver uma estrutura organizacional própria e específica.

1.8 RELAÇÃO PESSOA-TRABALHO

Muito se tem escrito sobre o relacionamento entre a pessoa e o trabalho. Dizem que o trabalho dignifica a pessoa, e isso é quase sempre uma verdade, na medida em que o trabalho está adequado à natureza humana e a pessoa faz aquilo que realmente gosta.

Em muitos dos capítulos deste livro, falaremos sobre a adequação da pessoa ao trabalho: a pessoa é recrutada e selecionada de acordo com as características do trabalho a ser executado; a pessoa é treinada de acordo com o método do trabalho que deverá executar, e assim por diante. Isso significa uma adaptação da pessoa ao trabalho.

Porém, um aspecto muito importante é a adaptação do trabalho à natureza da pessoa que irá executá-lo, ou seja, a adequação da tarefa às características da pessoa que deverá executá-la. Isso é geralmente feito pela engenharia industrial, que procura adaptar os métodos e processos de trabalho, máquinas e equipamentos, condições ambientais de trabalho (como iluminação, nível de ruído, temperatura etc.) às condições humanas, para que as pessoas se sintam melhor e trabalhem mais produtivamente.

Assim, existe nas empresas uma adaptação da pessoa ao trabalho por meio da seleção e do treinamento de pessoal. Mas existe também uma contínua adaptação do trabalho à pessoa por meio da adequação dos métodos e processos de trabalho, das máquinas e equipamentos, e das condições ambientais de trabalho. Quando ambas as adequações são feitas – a adequação da pessoa ao trabalho e a adequação do trabalho à pessoa –, a relação pessoa-trabalho se torna mais produtiva e feliz. Produtiva, porque o rendimento humano é aumentado, proporcionando melhorias para a empresa e para a pessoa. Feliz, porque a satisfação das pessoas também é aumentada, proporcionando um clima de trabalho mais agradável e um sentimento pessoal de reciprocidade.

Quando se consegue esse tipo de relação pessoa-trabalho, certamente a GH terá conseguido alcançar uma de suas principais finalidades: a melhoria da qualidade de vida nas empresas. Trata-se, portanto, de um passo avante também no relacionamento excelente entre empresa e pessoas. Uma união que traz vantagens recíprocas para ambas as partes.

QUESTÕES PARA REVISÃO

1. O que são organizações sociais?
2. Explique a sociedade de organizações.
3. Defina empresa.
4. Qual é a diferença entre empresas lucrativas e empresas não lucrativas?
5. Defina empresas industriais e empresas prestadoras de serviços.
6. O que são recursos?
7. Defina recursos materiais e dê exemplos.
8. Defina recursos financeiros e dê exemplos.
9. Defina recursos humanos e dê exemplos.
10. O que é Administração?
11. Defina fatores de produção.
12. O que significa natureza, capital e trabalho?
13. Defina recursos mercadológicos e dê exemplos.
14. Defina recursos administrativos e dê exemplos.
15. Qual é o antigo conceito de GH?
16. Qual é o moderno conceito de GH?
17. Quais são os objetivos da GH?

18. Quais são as funções da GH?
19. Conceitue a moderna GH.
20. Defina a GH como órgão de assessoria.
21. Defina a GH como responsabilidade de cada chefe.
22. Quais são os dois princípios da moderna GH?
23. O que significa qualidade de vida na empresa? Qual o papel da GH?
24. Explique a GH como uma responsabilidade de linha e função de *staff*.
25. O que significa responsabilidade de linha?
26. O que significa função de *staff*?
27. Quais são os usuários da GH?
28. Descreva a posição da GH na estrutura organizacional da empresa.
29. Compare a posição da GH na estrutura de uma empresa grande, de uma empresa média e de uma empresa pequena.
30. Quais são os principais órgãos da GH?
31. Descreva as funções e as atividades dos principais órgãos da GH.
32. Disserte sobre a relação homem-trabalho.
33. Como se faz a adequação do homem ao trabalho?
34. Como se faz a adequação do trabalho ao homem?
35. Qual é o vínculo entre relação homem-trabalho e qualidade de vida?

REFERÊNCIA

1. CHIAVENATO, I. *Iniciação à Administração*. 4. ed. São Paulo: Atlas, 2022.

2 RECRUTAMENTO DE PESSOAL

O QUE VEREMOS ADIANTE

- Mercado de trabalho e mercado de candidatos.
- Conceito de recrutamento de pessoal.
- Finalidade e importância do recrutamento.
- Fases do recrutamento.
- Fontes de recrutamento.
- Técnicas de recrutamento.
- Questões para revisão.

As empresas não vivem sozinhas, nem isoladas do mundo. Elas estão integradas em um meio ambiente e fazem parte dele. O meio ambiente é tudo o que envolve externamente uma empresa. É do meio ambiente que as empresas obtêm recursos para trabalhar e é no meio ambiente que as empresas colocam os seus produtos ou serviços. O meio ambiente é vasto e complexo. É todo o universo que envolve a empresa: continentes, países, cidades, organizações, empresas, pessoas etc.

Mas como o meio ambiente é demasiado vasto e complexo, utiliza-se o conceito de mercado para definir uma parte do meio ambiente que está diretamente relacionada com cada empresa. Mercado é um segmento do meio ambiente que interessa diretamente a uma empresa.

2.1 MERCADO DE TRABALHO E MERCADO DE CANDIDATOS

A palavra **mercado** servia antigamente para indicar o local físico onde as pessoas se reuniam para efetuar transações, isto é, para vender e comprar mercadorias ou serviços. Modernamente, **mercado** significa mais do que simplesmente um local físico, envolvendo uma comunidade, uma região, um país, um continente ou o mundo todo, conforme o assunto a ser tratado. Além do aspecto de espaço, o mercado é fortemente influenciado pelo aspecto tempo: o mercado de sorvetes em qualquer lugar se comporta de uma maneira diferente no verão e de outra maneira no inverno. Em nosso país, o mercado de trabalho no primeiro trimestre de cada ano é mais tranquilo, enquanto no último trimestre se torna mais agitado e dinâmico.

O mercado envolve transações entre vendedores (que oferecem bens ou serviços) e compradores (que procuram bens ou serviços), isto é, entre oferta e procura de bens ou serviços. De acordo com a oferta e a procura, o mercado pode apresentar-se em três situações:

1. **Situação de equilíbrio**: quando a oferta é igual à procura. Nessa situação, os preços tendem a se estabilizar.
2. **Situação de oferta**: quando a oferta é maior do que a procura. Nessa situação, os preços tendem a baixar devido à competição entre os vendedores.
3. **Situação de procura**: quando a procura é maior do que a oferta. Nessa situação, os preços tendem a aumentar devido à competição entre os compradores.

Existem vários tipos de mercado (mercado de capitais, mercado financeiro, mercado acionário, mercado agrícola, mercado de consumo etc.), mas os que nos interessam neste livro são o mercado de trabalho e o mercado de candidatos. Vejamos a seguir cada um deles.

2.1.1 Mercado de trabalho

Mercado de trabalho é o conjunto de oportunidades de emprego que existe em determinada comunidade ou região. O mercado de trabalho é constituído de todas as empresas que oferecem oportunidades de emprego, isto é, que oferecem vagas em certa comunidade ou região. O mercado de trabalho é a somatória de todas essas oportunidades de trabalho ou de emprego.

Quando o mercado de trabalho se encontra em situação de oferta (excesso de ofertas de emprego e escassez de procura), as empresas dispõem de vagas que dificilmente são ocupadas, pois faltam candidatos. Nesse caso, as empresas concorrem entre si e aumentam as ofertas de salários para conquistar candidatos que estão trabalhando em outras empresas.

Quando o mercado de trabalho se encontra em situação de procura (excesso de procura de emprego, isto é, excesso de candidatos e escassez de vagas), as empresas não dispõem de vagas e há muitos candidatos à procura delas. Nesse caso, os candidatos concorrem entre si e diminuem as suas pretensões salariais para obter emprego, como apresentado no Quadro 2.1.

Quadro 2.1 O mercado de trabalho em situação de oferta e de procura

Situação de oferta	Situação de procura
Oferta de trabalho	Procura de trabalho
Excesso de ofertas de emprego	Escassez de vagas
Escassez de candidatos	Excesso de candidatos
Competição entre empresas	Competição entre candidatos

TENDÊNCIAS EM GH

O mercado de trabalho

O mercado de trabalho é onde os candidatos disputam as possíveis oportunidades de emprego. Quando buscam oportunidades para trabalhar, eles estão disputando entre si as possíveis vagas que surgem. Contudo, procurar uma vaga, muitas vezes, é como encontrar uma agulha em um palheiro. Claro, o mundo de hoje oferece enormes facilidades para isso graças à internet e às mídias sociais, que ajudam, e muito, a localizar oportunidades de trabalho. Nesse contexto, é importante que o candidato, além de buscar sites de empregos confiáveis ou se registrar no *link* "Trabalhe conosco" das empresas, identificar corretamente o objetivo que deseja, ou seja, a função/atividade que almeja, a fim de que possa ser localizado mais facilmente pelo recrutador. Outro ponto importante é manter os próprios dados atualizados nas mídias digitais profissionais, por exemplo, o LinkedIn, pois é uma fonte muito utilizada pelos recrutadores.

2.1.2 Mercado de candidatos

Mercado de candidatos é o conjunto de candidatos reais ou potenciais que existe em determinada comunidade ou região. O mercado de candidatos é constituído de todos os candidatos que procuram emprego (candidatos reais) ou pessoas que estão trabalhando (candidatos potenciais), mas que poderiam se interessar por um novo emprego. Ele abrange a totalidade de candidatos (operários ou mensalistas, pessoal de nível secundário ou universitário, supervisores, gerentes e diretores).

Quando o mercado de candidatos se encontra em situação de oferta (excesso de candidatos e escassez de vagas), os candidatos são muitos e as disponibilidades de vagas são poucas. Nesse caso (como ocorre com o mercado de trabalho em situação de procura), os candidatos concorrem entre si para disputar as poucas oportunidades existentes no mercado de trabalho e o recrutamento torna-se mais fácil, exigindo a aplicação de poucas técnicas de recrutamento sobre o mercado, conforme Quadro 2.2.

Quadro 2.2   O mercado de candidatos em situação de oferta e de procura

Situação de oferta	Situação de procura
Oferta de candidatos	Procura de candidatos
Excesso de candidatos	Escassez de candidatos
Escassez de vagas	Excesso de vagas
Competição entre candidatos	Competição entre empresas

Acesse conteúdo sobre **Importância de conhecer o negócio** na seção *Tendências em IGH 2.1*

Quando o mercado de candidatos se encontra em situação de procura (há mais procura de candidatos do que oferta), os candidatos são poucos e a procura por candidatos é maior. Nesse caso (como ocorre com o mercado de trabalho em situação de oferta), as empresas concorrem entre si para disputar os poucos candidatos existentes no mercado de candidatos e o recrutamento torna-se mais difícil, exigindo a aplicação de muitas técnicas de recrutamento sobre o mercado.

Figura 2.1   A intersecção entre o mercado de trabalho e o mercado de candidatos.

Na realidade, o comportamento do mercado de trabalho é o inverso do comportamento do mercado de candidatos. Um é o espelho do outro. O importante é que ambos são mutuamente dependentes: o mercado de trabalho precisa de candidatos para preencher suas vagas e o mercado de candidatos precisa de oportunidades de emprego para poder trabalhar, como mostrado na Figura 2.1.

 Aumente seus conhecimentos sobre **O desafio do recrutador para encontrar o candidato certo** na seção *Saiba mais IGH* 2.1

2.2 CONCEITO DE RECRUTAMENTO DE PESSOAL

O termo **recrutamento** tem sua origem na área militar: o recrutamento militar é a convocação obrigatória de todo cidadão que atinge determinada idade. Na vida empresarial, o recrutamento é também uma convocação, um convite, mas sem o comparecimento obrigatório do candidato. Mais do que isso, o recrutamento é um sistema de informação das empresas que constituem o mercado de trabalho e é destinado aos candidatos que povoam o mercado de candidatos para divulgar ofertas de empregos (Figura 2.2).

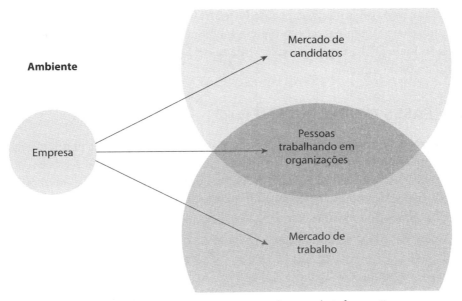

Figura 2.2 O recrutamento como um sistema de informação.

Para que o recrutamento proporcione uma imagem pública da empresa favorável ao mercado de candidatos, é necessário que seja feito com continuidade e constância, mesmo que a empresa não tenha vagas em determinados momentos. Isso significa que, para ser contínuo, o recrutamento exige que a empresa tenha sempre suas portas e janelas abertas aos candidatos que se apresentam.

2.3 FINALIDADE E IMPORTÂNCIA DO RECRUTAMENTO

A finalidade do recrutamento é atrair e trazer candidatos para a empresa. Para tanto, o recrutamento deve saber quais as vagas em aberto na empresa, localizar os candidatos, verificar como informá-los das oportunidades de trabalho que a empresa oferece e interessá-los a comparecer à empresa para uma entrevista inicial.

Quando o candidato comparece à empresa, cessa a atividade de recrutamento e inicia-se a atividade de seleção. Recrutamento é a busca de candidatos, enquanto seleção é a escolha dos candidatos mais adequados às oportunidades de trabalho existentes na empresa. O recrutamento fornece candidatos e a seleção escolhe os mais aptos.

Sem o recrutamento não haveria candidatos para ocupar as vagas existentes na empresa. Esta "ficaria às moscas". Quanto melhor o recrutamento, mais e melhores candidatos se apresentam para o processo seletivo. A importância do recrutamento reside na sua capacidade de atrair bons candidatos para a empresa. Quanto mais atraente o recrutamento, melhor o seu desempenho, o que torna a seleção mais fácil e rápida. A atratividade é a força do recrutamento em trazer candidatos à empresa.

2.4 FASES DO RECRUTAMENTO

Dissemos há pouco que, para trazer candidatos à empresa, o recrutamento deve saber quais as vagas em aberto na empresa, localizar os candidatos, verificar como informá-los das oportunidades de trabalho que a empresa oferece e interessá-los a comparecer à empresa para um contato inicial. Trocando em miúdos, essas são as cinco fases do recrutamento.

Vejamos cada uma dessas cinco fases do recrutamento na Figura 2.3.

Capítulo 2 – Recrutamento de Pessoal

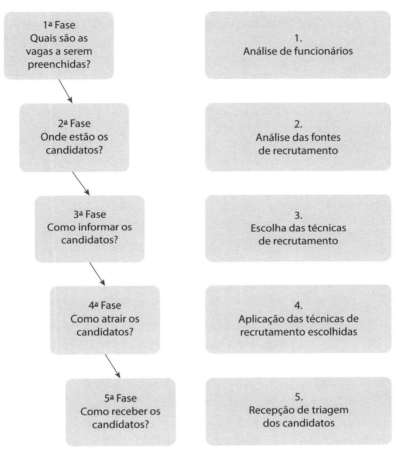

Figura 2.3 As fases do recrutamento.

2.4.1 Primeira fase: análise das requisições de funcionários

Quando um órgão qualquer da empresa precisa preencher uma determinada vaga, o chefe desse órgão emite um documento denominado Requisição de Funcionário (RF) e o encaminha ao órgão de Recrutamento e Seleção. Ao recebê-lo, este órgão dá início ao processo de recrutamento. A RF constitui uma espécie de ordem de serviço para o órgão de Recrutamento e Seleção começar a funcionar, pois nela estão contidas todas as informações a respeito da vaga a ser preenchida e quais características o seu futuro ocupante deverá possuir, como mostrado na Figura 2.4.

REQUISIÇÃO DE FUNCIONÁRIO (RF)

Do departamento: _____   Para: departamento de Recrutamento e Seleção
Cargo a preencher: _____   Código: _____
Breve descrição do cargo: _____
_____
_____

Salário inicial: R$ _____   Salário do cargo: R$ _____
Horário de trabalho: _____   Local de trabalho: _____
Escolaridade necessária: _____
Experiência prévia: _____
Conhecimentos necessários: _____
_____
_____

Rubrica do gerente requisitante: _____
Data de emissão: _____
Data de admissão do candidato: _____

Figura 2.4 Exemplo de uma RF.

 Aumente seus conhecimentos sobre **Hard skills e soft skills** na seção *Saiba mais IGH 2.2*

2.4.2 Segunda fase: análise das fontes de recrutamento

De posse da RF, o órgão de Recrutamento e Seleção analisa onde poderá localizar os candidatos adequados ao preenchimento daquela vaga. Trata-se de analisar as prováveis fontes de recrutamento, isto é, onde recrutar os candidatos.

2.4.3 Terceira fase: escolha das técnicas de recrutamento

Localizadas as fontes de recrutamento, a fase seguinte é a escolha das técnicas para informar os prováveis candidatos sobre a vaga existente na empresa. As técnicas de recrutamento serão analisadas mais adiante.

2.4.4 Quarta fase: escolha do conteúdo do recrutamento

O conteúdo do recrutamento é o que será transmitido aos prováveis candidatos por meio das técnicas de recrutamento, a fim de atraí-los e interessá-los pela vaga existente. Trata-se do que será transmitido aos candidatos a respeito da vaga existente e dos aspectos relacionados a ela.

2.4.5 Quinta fase: recepção de triagem dos candidatos

Esta é uma fase importante do processo de recrutamento, haja vista que ajuda a garantir que a organização possa contratar o profissional que estiver mais bem qualificado para a vaga. A análise, que antecede as entrevistas, permite a identificação das competências técnicas e comportamentais e a aderência ao que se conhece como *fit* **cultural**, ou seja, o alinhamento dos objetivos individuais aos objetivos organizacionais.

2.5 FONTES DE RECRUTAMENTO

As fontes de recrutamento representam onde se pressupõe estar localizados os candidatos à vaga que a empresa pretende oferecer. Em outros termos, as fontes de recrutamento são aqueles segmentos do mercado de candidatos que podem abastecer a empresa dos candidatos necessários a uma determinada vaga. Um recrutamento preciso vai diretamente à fonte onde estão os candidatos e não fica atirando a esmo, sem saber exatamente onde eles estão.

Nesse sentido, existem duas espécies de fontes de recrutamento: as fontes internas (isto é, os próprios funcionários da empresa) e as fontes externas (os candidatos que estão no mercado de mão de obra), como mostra a Figura 2.5.

Figura 2.5 Fontes de recrutamento.

Quando se trabalha com as fontes internas, ocorre o recrutamento interno. O recrutamento interno é o preenchimento das vagas da empresa por meio da promoção ou transferência de seus funcionários. As empresas que dão prioridade ao recrutamento interno são aquelas que proporcionam oportunidades de crescimento aos seus funcionários e os prepara para futuras oportunidades. É óbvio que o recrutamento interno traz vantagens, como maior motivação entre o pessoal, quando todos sabem que podem crescer dentro da empresa por meio das oportunidades que surgem. O recrutamento interno também traz outra vantagem: a de provocar uma competição sadia entre os colegas que procuram se preparar profissionalmente, cada vez mais, para conquistar as oportunidades. Mas o recrutamento interno impõe condições: ele exige da empresa programas de treinamento e de desenvolvimento do pessoal a fim de preparar os funcionários para oportunidades mais complexas.

Quando se trabalha com as fontes externas, ocorre o recrutamento externo. O recrutamento externo é o preenchimento das vagas da empresa por meio de candidatos que são recrutados no mercado de candidatos. A grande vantagem do recrutamento externo é trazer sangue novo e experiências novas para a empresa. Mas quase sempre frustra as expectativas internas e exige do candidato admitido um tempo de adaptação à nova empresa e ao novo cargo. O recrutamento externo exige uma variedade de técnicas de recrutamento, das quais nos ocuparemos a seguir.

SAIBA MAIS — **A estratégia da marca no recrutamento**

O segredo de muitas empresas está em construir ao longo do tempo uma verdadeira cascata de candidatos para alimentar o seu processo de recrutamento de maneira incessante e contínua. Muitas empresas famosas fazem isso graças ao chamariz de sua marca, que atrai admiradores que desejariam trabalhar nelas: uma maneira de transformar o recrutamento em uma enorme fila atraída pela sua marca, sem gastar um tostão por isso. É comum essas empresas aparecerem nas listas das "melhores para se trabalhar" em pesquisas realizadas por revistas especializadas. Essa divulgação é uma importante fonte para reforçar a marca e atrair os talentos. Como será observado no Capítulo 6, *Gestão de Salários*, os benefícios sociais espontâneos que a empresa oferece também são outra fonte de atração de talentos para o recrutamento.

2.6 TÉCNICAS DE RECRUTAMENTO

As técnicas de recrutamento são as maneiras pelas quais o recrutamento é realizado. Em outros termos, são os meios pelos quais a empresa informa ao mercado de candidatos que dispõe de vagas a serem preenchidas.

As principais técnicas de recrutamento são apresentadas a seguir:

2.6.1 Cartazes na portaria da empresa

Muitas empresas colocam cartazes em suas portarias ou em locais visíveis do seu escritório, que possam ser facilmente lidos pelas pessoas que transitam pelas imediações (Quadro 2.3).

Quadro 2.3 Exemplo de cartaz de portaria como técnica de recrutamento

Venha trabalhar conosco! Temos vagas para:
Eletricistas
Encanadores
Soldadores
Operários
Apresentar-se à Seção de Recrutamento e Seleção

2.6.2 Apresentação de candidatos pelos funcionários da empresa

Uma técnica de recrutamento muito difundida e extremamente simples e barata, pois não envolve gastos ou despesas pela empresa, trata-se de estimular os funcionários a apresentarem pessoas de suas relações pessoais como candidatos a vagas da empresa. O único investimento da empresa são as comunicações por meio de editais das vagas que surgem para que os funcionários possam trazer seus amigos e conhecidos para a apresentação inicial.

Aumente seus conhecimentos sobre **Indicação como fonte de recrutamento** na seção *Saiba mais IGH 2.3*

2.6.3 Arquivo de candidatos

É a técnica de recrutamento mais eficaz. À medida que surgem candidatos e não são aproveitados por alguma razão, o órgão de Recrutamento e Seleção arquiva dados deles para futuras oportunidades. Assim, surge o arquivo de candidatos. A classificação dos candidatos nesse arquivo geralmente é feita por dois caminhos: de um lado, o cargo desejado, e do outro lado, o sobrenome do candidato. Quando surge uma vaga, a primeira tarefa do órgão de Recrutamento e Seleção é consultar o arquivo de candidatos para verificar se tem algum candidato disponível para aquela vaga. Assim, as demais técnicas de recrutamento somente serão ativadas quando não houver candidato em estoque no arquivo de candidatos.

PARA REFLEXÃO

O banco de talentos

Até pouco tempo, era comum o trânsito do *curriculum vitae* (CV) dos candidatos sendo encaminhados para as empresas, conforme anúncio de uma vaga. Muitos desses formulários eram arquivados e outros descartados. O volume de papel era grande. Atualmente, as empresas têm as informações armazenadas no que muitas chamam de "banco de talentos", em que os interessados registram seus dados ou, em alguns casos, depositam o arquivo de seu CV. Mesmo com esse processo, que atualmente facilita muito o trabalho dos recrutadores, é importante que esse arquivo de candidatos seja constantemente atualizado, pois muitos deles podem mudar de endereço ou localização, mudar de emprego ou desistir de uma futura procura. Isso requer alguma forma de manutenção do contato com ele – seja formal, seja virtual. O importante é mantê-lo atualizado para que sempre esteja pronto para ser acessado e realmente aproveitado.

2.6.4 Visita a escolas e a universidades

Uma técnica de recrutamento utilizada por empresas de grande porte é a visita a determinadas escolas da região e colocação de editais de recrutamento, convocando os alunos a comparecerem ao órgão de Recrutamento e Seleção. Muitas vezes, essas visitas são acompanhadas de palestras e audiovisuais aos alunos para demonstrar as oportunidades de crescimento e desenvolvimento na empresa.

 Aumente seus conhecimentos sobre **Recrutando estagiários** na seção *Saiba mais IGH 2.4*

2.6.5 Anúncios em jornais, revistas, internet ou redes sociais

Talvez a mais conhecida das técnicas de recrutamento. Aqui, o veículo do recrutamento é o jornal, a revista, a internet ou as redes sociais, que costumam ser lidos/acessados pelo candidato real ou potencial à vaga existente. Os anúncios em jornais são caros e seu impacto é de curta duração, no máximo, uma semana ou pouco mais. Atualmente, a grande maioria dos anúncios está veiculada na internet ou nas redes sociais.

PARA REFLEXÃO

O antes e o depois do uso da Tecnologia da Informação

Até pouco tempo, as empresas utilizavam os jornais de grande circulação para divulgar suas vagas, principalmente nas edições dominicais. Com o advento das redes sociais, dos sites especializados em anunciar vagas, das redes sociais voltadas para o relacionamento profissional, dos sites das empresas com *links* específicos para os candidatos depositarem seus currículos, entre outras mídias, os anúncios nos jornais sofreram grande redução e procura. Hoje, vivencia-se uma queda na circulação dos jornais impressos, alcançando uma faixa de público mais reduzida.

2.6.6 Agências de recrutamento

As agências de recrutamento são empresas prestadoras de serviços especializados em recrutamento de pessoal. Elas praticamente substituem os órgãos de Recrutamento e Seleção de pessoal das empresas no processo de recrutamento. Existem agências de recrutamento especializadas nas mais diversas modalidades de candidatos: agências de recrutamento de engenheiros, de executivos de alto nível, de secretárias, de pessoal de escritório, de ferramenteiros, de operários etc.

O primeiro contato com uma agência de recrutamento visa comunicar a vaga existente na empresa e as características desejáveis dos candidatos a serem encaminhados pela agência. O resto cabe à agência: a consulta aos seus arquivos de candidatos, as técnicas de recrutamento (se não tiver estoque de candidatos adequados), a entrevista inicial, o encaminhamento à empresa solicitante etc. Em alguns casos, costuma ser a técnica de recrutamento mais rápida e a que menos envolve a empresa que possui a vaga a ser preenchida.

Geralmente, quando surge uma vaga na empresa, o órgão de Recrutamento e Seleção utiliza mais de uma das técnicas de recrutamento mencionadas anteriormente. A criatividade das empresas quanto à utilização de técnicas de recrutamento é realmente incrível: algumas empresas de construção civil utilizam camionetes dotadas de sistema de som e escritório volante para recrutar operários braçais em determinados bairros distantes da grande cidade, conduzindo-os, depois, para os canteiros de obras, onde ficarão alojados durante toda a obra. Outras empresas fazem campanhas de recrutamento em outras cidades, instalando os recrutadores em hotéis e utilizando anúncios virtuais, *sites* ou a internet para a informação aos candidatos. Algumas empresas fazem do seu *site* um local específico ou uma espécie de formulário de pedido de emprego que o candidato preenche e envia sem sair de casa.

Aumente seus conhecimentos sobre **Quantas técnicas de recrutamento utilizar?** na seção *Saiba mais IGH 2.5*

QUESTÕES PARA REVISÃO

1. O que é meio ambiente?
2. Qual é a relação entre meio ambiente e mercado?
3. Qual é o antigo conceito de mercado?
4. Atualmente, o que significa o conceito de mercado?
5. Quais são as três situações do mercado?
6. O que é mercado de trabalho?
7. Explique o mercado de trabalho em situação de oferta.
8. Explique o mercado de trabalho em situação de procura.
9. O que é mercado de candidatos?
10. Qual é a relação entre o mercado de candidatos e o mercado de recursos humanos?
11. Explique o mercado de candidatos em situação de oferta.
12. Explique o mercado de candidatos em situação de procura.
13. Qual é a diferença entre candidato real e candidato potencial?
14. Descreva o conceito de recrutamento.
15. Qual é a finalidade do recrutamento?

16. Qual é a diferença entre recrutamento e seleção de pessoal?
17. Qual é a importância do recrutamento?
18. O que significa continuidade no recrutamento? Para que serve?
19. O que significa atratividade no recrutamento?
20. Quais são as fases do recrutamento?
21. Qual é a fase do recrutamento que corresponde à pergunta: quais são as vagas a serem preenchidas?
22. O que é Requisição de Funcionário?
23. Qual é a fase do recrutamento que corresponde à pergunta: onde estão os candidatos?
24. Qual é a fase do recrutamento que corresponde à pergunta: como informar os candidatos?
25. Qual é a fase do recrutamento que corresponde à pergunta: como atrair os candidatos?
26. O que são fontes de recrutamento?
27. Quais são as espécies de fontes de recrutamento?
28. Qual é a diferença entre recrutamento interno e recrutamento externo?
29. Quais são as vantagens do recrutamento interno e em que condições ele pode ser utilizado?
30. Quais são as vantagens do recrutamento externo e quais as frustrações que ele pode provocar?
31. Quais são as principais técnicas de recrutamento?
32. O que significa arquivo de candidatos e como pode ser feito?
33. O que significa apresentação de candidatos pelos funcionários?
34. Descreva o anúncio em jornal como técnica de recrutamento.
35. Descreva a visita a escolas e universidades e os cartazes na portaria da empresa como técnicas de recrutamento.
36. O que são agências de recrutamento?

3 SELEÇÃO DE PESSOAL

O QUE VEREMOS ADIANTE

- Conceito de seleção de pessoal.
- Finalidade e importância da seleção de pessoal.
- Técnicas de seleção de pessoal.
- Fases da seleção de pessoal.
- Avaliação dos resultados da seleção.
- Questões para revisão.

Por meio do recrutamento de pessoal, os candidatos se apresentam (quando o recrutamento é externo) ou são localizados dentro da empresa (quando o recrutamento é interno). A partir daí surge a pergunta: como saber se os candidatos atraídos pelo recrutamento são aptos ou adequados para o cargo vago? E quando o recrutamento atrai vários candidatos, como saber quais os mais aptos ou adequados? Em outras palavras, como escolher ou selecionar os candidatos que se apresentam? A resposta está na seleção de pessoal, assunto deste terceiro capítulo.

Enquanto o **recrutamento** é uma atividade convidativa e atraente, a **seleção** é uma atividade de escolha, ou seja, de aceitação ou de rejeição de um candidato, como mostra a Figura 3.1. O recrutamento atrai candidatos e a seleção escolhe os mais adequados às vagas existentes na empresa. No fundo, o recrutamento abastece a seleção dos candidatos necessários para que a seleção possa funcionar.

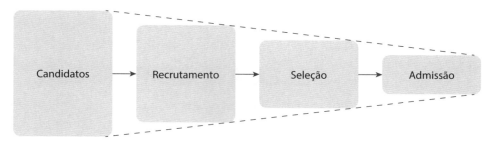

Figura 3.1 O papel do recrutamento e da seleção de pessoal.

3.1 CONCEITO DE SELEÇÃO DE PESSOAL

A seleção de pessoal é, ao mesmo tempo, uma comparação e uma escolha. E para que possa ser científica, precisa estar baseada nas características que o cargo vago exige do seu futuro ocupante. É o que chamaremos de exigências do cargo. Assim, o primeiro cuidado ao se fazer a seleção de pessoal é conhecer quais são as exigências do cargo a ser preenchido. Na Figura 3.2, compara-se cada candidato com as exigências do cargo e escolhe-se o candidato mais adequado para aquelas exigências.

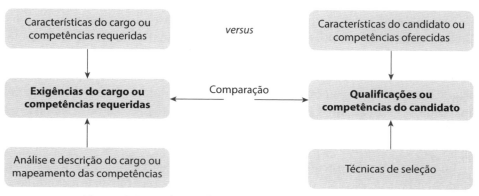

Figura 3.2 A seleção de pessoal como uma comparação.

Assim, a seleção de pessoal é uma comparação entre as qualificações de cada candidato com as exigências do cargo, e é uma escolha, entre os candidatos comparados, daquele que apresentar as qualificações mais adequadas ao cargo vago. Para tanto, torna-se necessária a aplicação de técnicas de seleção de pessoal, que veremos adiante. A maioria dessas técnicas de seleção é aplicada por especialistas de Recrutamento e Seleção, que são os prestadores de serviços para as demais áreas da empresa.

Nesse sentido, a seleção de pessoal – da mesma forma como vimos no Capítulo 1, sobre a natureza da Gestão Humana (GH) – é uma responsabilidade de linha e uma função de *staff*. É uma função de *staff*, pois as técnicas de seleção são geralmente aplicadas pelos profissionais de Recrutamento e Seleção, como uma prestação de serviços às diversas áreas da empresa. Mas o Recrutamento e Seleção apenas presta os serviços de aplicação das técnicas de seleção e recomenda os candidatos ao requisitante. Assim, a seleção de pessoal é também uma responsabilidade de linha, porque quem faz a escolha do candidato e toma a decisão de aceitá-lo é o próprio requisitante, a quem cabe a decisão final sobre o assunto, ou seja, a decisão de linha.

Aumente seus conhecimentos sobre **A liderança e a Gestão Humana** na seção *Saiba mais IGH 3.1*

Com todos esses ingredientes, podemos dizer que o moderno conceito de seleção de pessoal é o seguinte: a seleção é uma comparação e uma escolha de candidatos que envolve uma função de *staff* e uma responsabilidade de linha. O órgão de *staff* presta os serviços de aplicação das técnicas de seleção comparando os candidatos, e a chefia do órgão requisitante procede à escolha final dos candidatos recomendados e toma a decisão final.

3.2 FINALIDADE E IMPORTÂNCIA DA SELEÇÃO DE PESSOAL

A finalidade da seleção de pessoal é escolher os candidatos mais adequados aos cargos da empresa. Nem sempre o candidato mais adequado é aquele que possui as maiores qualificações. A adequação de um candidato a um determinado cargo requer as qualificações exatas, nem a mais, nem a menos. Um candidato com qualificações elevadas seria indicável para um cargo mais elevado, pois dificilmente se adaptaria a um cargo que pouco exigisse do seu repertório e que lhe pagasse menos do que realmente merece. A seleção de pessoal cumpre a sua finalidade quando coloca nos cargos existentes na empresa os ocupantes adequados às suas necessidades e que podem, à medida que adquirem maiores conhecimentos e habilidades, ser promovidos para cargos mais elevados que exigem esses maiores conhecimentos e habilidades.

A importância da seleção de pessoal pode ser visualizada sob dois aspectos diferentes. A seleção é importante na medida em que supre a empresa das pessoas com as qualificações adequadas ao seu excelente funcionamento. Isso significa as seguintes vantagens: pessoas adequadas aos cargos exigem menor treinamento, menor tempo de adaptação ao cargo e proporcionam maior produtividade e eficiência.

Por outro lado, a seleção de pessoal é importante para as pessoas na medida em que lhes fornece o cargo mais adequado e de acordo com suas características pessoais. Isso significa as seguintes vantagens: pessoas mais satisfeitas com seu trabalho, mais entrosadas com a empresa e que nela permanecem por mais tempo.

Reflita sobre **Vantagens de uma seleção bem-feita** na seção *Para reflexão IGH 3.1*.

3.3 TÉCNICAS DE SELEÇÃO DE PESSOAL

Para ser científica, a seleção deve basear-se em técnicas. As técnicas de seleção são meios pelos quais se busca informação a respeito do candidato e de suas características pessoais. Em outras palavras, as técnicas de seleção visam fornecer informações objetivas sobre as qualificações, as competências, as experiências e as características dos candidatos que demandariam muito tempo para serem obtidas por meio da simples observação diária deles. As técnicas de seleção procuram proporcionar, em uma rápida amostra do comportamento dos candidatos, um conjunto de informações que pode ser profundo e preciso, dependendo da qualidade dessas técnicas e dos profissionais que as utilizam. Para tanto, muitas técnicas de seleção somente podem ser aplicadas por psicólogos, que fornecem laudos a respeito dos seus resultados.

As técnicas de seleção podem ser classificadas em: entrevista de seleção, provas de conhecimentos ou de capacidade, testes psicométricos e técnicas de simulação.

Vejamos rapidamente cada uma dessas técnicas de seleção.

3.3.1 Entrevista de seleção

É a técnica de seleção mais utilizada e conhecida. Trata-se de efetuar perguntas previamente programadas ao candidato e anotar suas respostas ou parte delas. As perguntas (ações ou entradas) provocam respostas (reações ou saídas) que ajudam a conhecer melhor o candidato, seja quanto às características pessoais, seja quanto aos seus conhecimentos e experiências. A Figura 3.3 apresenta essa dinâmica.

Capítulo 3 – Seleção de Pessoal

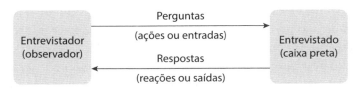

Figura 3.3 A entrevista como uma técnica de seleção de pessoal.

Para ser objetiva, a entrevista precisa ser convenientemente planejada: o local onde será realizada deve ser tranquilo e discreto, as perguntas devem ser preparadas com antecedência, as anotações devem ser resumidas, a conduta do entrevistador deve ser neutra, mas inspirando confiança no candidato. Em resumo, a entrevista deve ser realizada com um objetivo: avaliar se o candidato está apto para ocupar o cargo vago.

Contudo, apesar de ser universalmente aplicada, a entrevista é a técnica de seleção mais imprecisa e subjetiva. Imprecisa, porque quase sempre a entrevista avalia a adequação ao cargo de maneira muito vaga. Subjetiva, porque é influenciada por preferências pessoais ou por preconceitos inconscientes do entrevistador. Se esses dois aspectos negativos da entrevista – a imprecisão e a subjetividade – forem afastados ou neutralizados, ela poderá se tornar a técnica de seleção mais rápida e barata que se possa imaginar.

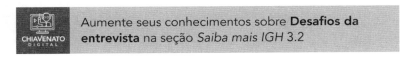

Aumente seus conhecimentos sobre **Desafios da entrevista** na seção *Saiba mais IGH 3.2*

3.3.2 Provas de conhecimentos ou de capacidade

As provas de conhecimentos ou de capacidade são técnicas de seleção que procuram medir conhecimentos ou habilidades dos candidatos por meio de perguntas escritas que requerem respostas escritas. São técnicas muito utilizadas nas nossas escolas para avaliar os conhecimentos dos alunos e o aproveitamento escolar. Como o próprio nome indica, podem ser organizadas para avaliar conhecimentos exigidos pelo cargo (por exemplo, conhecimentos de português, de inglês, de contabilidade, de tesouraria etc.) ou para avaliar capacidade e habilidades (por exemplo, habilidade de escrever à máquina, de dirigir um veículo, de tornear uma peça, de construir um molde etc.).

As provas de conhecimentos ou de capacidade podem ser de dois tipos: provas dissertativas ou tradicionais e objetivas ou em forma de testes. As provas dissertativas ou tradicionais são feitas em forma de perguntas abrangentes que requerem respostas escritas e igualmente abrangentes, como dissertações. Têm a vantagem de não precisarem ser planejadas, podendo ser improvisadas no momento do exame. Porém, apresentam as seguintes desvantagens: longo tempo para o candidato respondê-las, fazendo com que sua execução seja demorada; longo tempo para sua aferição e correção; a aferição e a correção precisam ser feitas por um especialista no assunto; e a aferição e a correção são subjetivas, porque dois especialistas no assunto dificilmente avaliariam a prova dissertativa da mesma maneira.

Já as provas objetivas ou em forma de testes são feitas por meio de perguntas objetivas e que requerem respostas padronizadas.

Os tipos de testes ou provas objetivas são os apresentados a seguir:

– **Preenchimento de lacunas**
Ex.:
1. Quem descobriu o Brasil foi: _____.
2. A América foi descoberta por _____ em ___/___.
3. A capital da Itália é _____.

– **Respostas alternativas simples**
Ex.:
1. O Brasil foi descoberto por Cabral.
(a) Certo
(b) Errado

2. A América foi descoberta por Colombo em 1398.
(a) Certo
(b) Errado

3. A capital da Itália é Roma.
(a) Certo
(b) Errado

– **Respostas alternativas múltiplas**
Ex.:
1. O Brasil foi descoberto por:
(a) Cabral
(b) Colombo
(c) Pero Vaz de Caminha

2. A América foi descoberta por:
(a) Cabral
(b) Colombo
(c) Pero Vaz de Caminha

3. A capital da Itália é:
(a) Paris
(b) Londres
(c) Roma

As vantagens das provas objetivas ou em forma de testes são as seguintes: execução rápida, pois o candidato faz o teste em pouquíssimo tempo; aferição e correção rápidas, pois podem ser feitas mediante uma chave de avaliação; a aferição e a correção podem ser feitas por qualquer pessoa, mesmo que desconheça o assunto; e a aferição e a correção são objetivas e precisas, pois diferentes pessoas avaliarão o teste da mesma maneira.

Todavia, as provas objetivas ou em forma de testes apresentam as seguintes desvantagens: não medem a capacidade de expressão do candidato nem seus conhecimentos da língua portuguesa; são superficiais e não medem profundidade de conhecimentos; e exigem planejamento e montagem prévia dos testes.

3.3.3 Testes psicométricos

Os testes psicométricos permitem a avaliação psicológica ou psicométrica dos candidatos. São testes ou provas objetivas que visam avaliar as aptidões das pessoas. Aptidões são traços inatos (e, portanto, transmitidos hereditariamente) que as pessoas possuem e que, quando descobertos, podem ser transformados em habilidades ou capacidades pessoais. Uma aptidão significa uma predisposição, uma potencialidade, uma facilidade para aprender alguma habilidade ou capacidade específica.

Os testes psicométricos em geral medem as seguintes aptidões:

- Aptidão para números ou habilidade numérica.
- Aptidão para palavras ou habilidade verbal.
- Aptidão para espaço ou habilidade espacial.
- Aptidão para detalhes ou habilidade burocrática.
- Aptidão para mecânica ou habilidade manual etc.

Os testes psicométricos são geralmente aplicados e aferidos por psicólogos que fornecem laudos a respeito dos resultados. São importantes para a seleção científica do pessoal porque proporcionam um conhecimento profundo sobre as potencialidades e as aptidões das pessoas, aspectos que as provas tradicionais ou objetivas estão longe de fornecer. As provas tradicionais ou objetivas apenas pesquisam aspectos atuais daquilo que as pessoas podem fazer. Os testes psicométricos apontam o potencial de desenvolvimento das pessoas e para onde poderão endereçar seus esforços para o futuro.

3.3.4 Técnicas de simulação

Simular significa representar alguma coisa, fazer de conta. As técnicas de simulação constituem meios pelos quais o candidato representa, como que teatralmente, o papel de ocupante de um determinado cargo vago na empresa. Uma das técnicas de simulação é a dramatização, na qual vários candidatos desempenham papéis simulando situações reais que o ocupante do cargo a ser preenchido deverá vivenciar. Um psicólogo acompanha o jogo avaliando o desempenho de cada candidato e sua adequação ao papel. A dramatização constitui excelente técnica de seleção nos cargos que exigem contato pessoal com outras pessoas na empresa. Outra técnica de simulação são os jogos. A gamificação está em alta no processo seletivo.

TENDÊNCIAS EM GH

As técnicas de seleção na Era Digital

A Era Digital está promovendo muitas mudanças na forma como as organizações recrutam e selecionam as pessoas. Apesar das inovações, a velha entrevista com o gestor requisitante da vaga é o que define quem será escolhido. Um modelo de entrevista que foge do tradicional é conhecida como *brain tease*. Desenvolvida por empresas de tecnologia nos Estados Unidos, consiste em testar a criatividade e avaliar a rapidez do candidato em apresentar uma solução para assuntos inesperados. Até chegar à entrevista, os candidatos passam por diversas fases, em algumas delas já utilizando técnicas mais modernas, por exemplo, o uso de jogos *on-line* para que o candidato simule uma posição gerencial ou outra atividade, com avatares e desafios que, de fato, podem acontecer em uma organização. É a técnica de simulação, só que agora na rede. Outro instrumento é identificar o rastro social *on-line*, com o uso de ferramentas da Tecnologia da Informação (TI) que avaliam o comportamento do candidato nas redes sociais, apontando os pontos positivos e os pontos negativos.

3.4 FASES DA SELEÇÃO DE PESSOAL

Geralmente, a seleção das pessoas para cargos mais simples exige uma ou duas técnicas de seleção. Porém, os cargos mais complexos envolvem quase todas as técnicas mencionadas anteriormente, aplicadas em diferentes fases do processo, conforme Figura 3.4. Algumas empresas utilizam o princípio da complexidade progressiva: aplicam na primeira fase as técnicas de seleção mais simples, como a entrevista, e vão progressivamente aplicando técnicas mais complexas e caras, à medida que o candidato vai ultrapassando os obstáculos do processo seletivo.

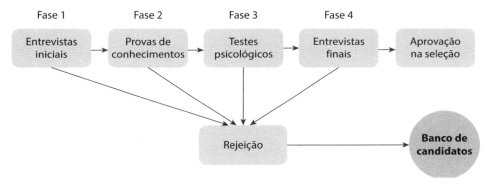

Figura 3.4 A seleção como um processo de fases a serem vencidas pelos candidatos.

A seleção de pessoal funciona como uma sequência de fases que deverão ser vencidas pelos candidatos: primeiramente, a entrevista inicial; depois, as provas de conhecimentos ou de capacidade e os testes psicométricos; e, por fim, a entrevista final. Os candidatos, à medida que são reprovados em qualquer uma dessas fases, são rejeitados. Os candidatos que forem aprovados em todas essas etapas serão recomendados ao chefe do órgão requisitante, que deverá decidir por um deles. Alguns chefes entrevistam os candidatos aprovados na seleção e os submetem a provas na própria seção, para poderem julgar melhor e exercer a sua autoridade de linha de tomar decisões.

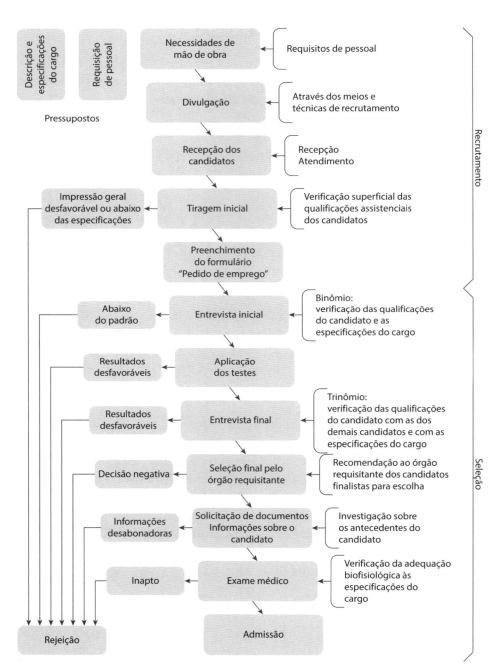

Figura 3.5 Fluxograma de um processo convencional de recrutamento e seleção de pessoal.[1]

Capítulo 3 – Seleção de Pessoal

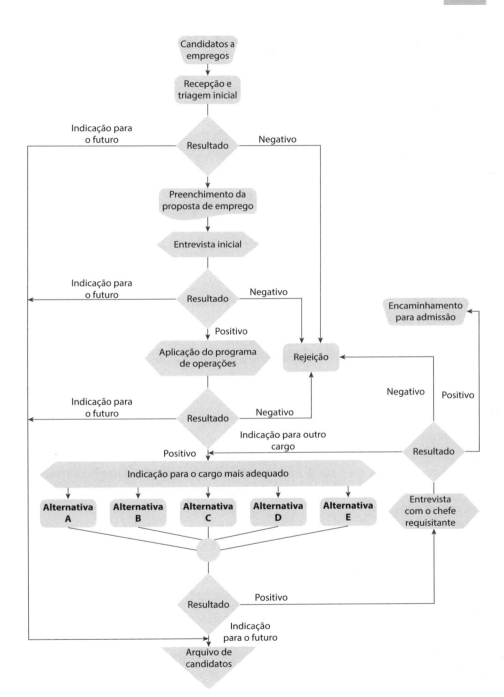

Figura 3.6 Fluxograma de um processo sofisticado de recrutamento e seleção de pessoal.[2]

3.5 AVALIAÇÃO DOS RESULTADOS DA SELEÇÃO

Fazer seleção de pessoal custa caro, pois envolve custos operacionais sensíveis. Porém, não fazer seleção de pessoal custa muito mais caro para a empresa. Geralmente, uma boa seleção de pessoal proporciona os seguintes resultados, que podem ser avaliados no decorrer do tempo:

- Permite a adequação da pessoa ao cargo e a decorrente satisfação dela com o emprego e da empresa com o seu pessoal.
- Permite rapidez na integração e ajustamento do novo funcionário ao seu trabalho.
- Proporciona maior estabilidade do pessoal e redução da rotação de pessoal (*turnover*). Rotação de pessoal significa os desligamentos que provocam a necessidade de admissões.
- Permite maior rendimento e produtividade do pessoal pela sua capacitação para o desempenho no cargo.
- Permite redução no absenteísmo do pessoal. O absenteísmo é a quantidade de faltas e atrasos ao trabalho e está intimamente relacionado com a insatisfação no trabalho.
- Permite melhoria nas relações humanas e maior motivação no trabalho.

É por isso que, embora a seleção de pessoal tenha os seus custos, na realidade ela significa um investimento que traz excelentes retornos à empresa. Daí o fato de as empresas – sejam grandes, sejam médias, sejam pequenas – jamais deixarem de fazer seleção de pessoal. Ficaria muito mais caro para elas caso não a fizessem.

Por serem atividades intimamente interligadas, geralmente o recrutamento e a seleção são feitos por um só órgão, denominado Recrutamento e Seleção de Pessoal.

SAIBA MAIS   Seleção na visão estratégica

Uma pessoa estranha bate à sua porta. Você a convidaria para entrar em sua casa, sem ter o mínimo de conhecimento sobre quem ela é? Provavelmente não. Em muitas organizações, o processo seletivo é considerado estratégico, haja vista que a empresa tem como meta deixar entrar em sua casa somente aqueles que, de fato, apresentarem não somente as competências técnicas (*hard skills*), mas, principalmente, as competências comportamentais (*soft skills*), que estejam alinhadas com as da empresa. Por esse motivo é que existem empresas, geralmente de alta tecnologia, como a Google, em que um candidato, para ser aprovado, deve passar por diversas entrevistas, com diversos atores e de diversas áreas. Afinal, se hoje as pessoas são fonte de vantagem competitiva, o processo seletivo deve ser cada vez mais valorizado como estratégico.

QUESTÕES PARA REVISÃO

1. Conceitue seleção de pessoal.
2. Por que a seleção de pessoal é uma responsabilidade de linha e uma função de *staff*?
3. Por que a seleção de pessoal é uma comparação e uma escolha?
4. Qual é o papel do recrutamento de pessoal para a seleção?
5. Compare o papel do recrutamento com o papel da seleção de pessoal.
6. Qual é a finalidade da seleção de pessoal?
7. Qual é a importância da seleção de pessoal?
8. Quais são as fases da seleção de pessoal?
9. O que significam as exigências do cargo a ser preenchido?
10. Qual é o conceito moderno de seleção de pessoal?
11. Descreva as técnicas de seleção.
12. O que é entrevista de seleção?
13. Por que a entrevista apresenta imprecisão e subjetividade?
14. O que a entrevista requer para ser objetiva?
15. O que são provas de conhecimentos ou de capacidade?
16. Quais são os tipos de provas de conhecimentos ou de capacidade?
17. O que são provas dissertativas ou tradicionais?
18. Quais são as vantagens e as desvantagens das provas dissertativas ou tradicionais?
19. O que são provas objetivas ou em forma de testes?

20. Quais são as vantagens e as desvantagens das provas objetivas ou em forma de testes?

21. Quais são os tipos de testes de conhecimentos?

22. O que significa preenchimento de lacunas?

23. O que significa respostas alternativas simples ou múltiplas?

24. O que são testes psicométricos?

25. Defina aptidão.

26. Quais são os principais tipos de aptidões?

27. O que são técnicas de simulação?

28. Explique o princípio da complexidade gradativa.

29. Como funciona o processo de seleção em etapas sucessivas?

30. Quais são os resultados da seleção para a empresa e para o pessoal?

31. Por que o recrutamento e a seleção de pessoal geralmente são feitos por um só órgão?

REFERÊNCIAS

1. UHRBRACK, R. S. Mental Alertness Tests as Aids Selecting Employees. *Personnel*, v. 12, p. 231, 1936.

2. CARELLI, A. *Seleção, Treinamento e Integração do Empregado na Empresa*. São Paulo: MTPS, DNSHT, INPS, Fundacentro, PNVT, META IV, 1973. p. 9.

4 TREINAMENTO DE PESSOAL

O QUE VEREMOS ADIANTE

- Conceito de treinamento.
- Finalidade e importância do treinamento.
- Levantamento das necessidades de treinamento.
- Programação do treinamento.
- Execução do treinamento.
- Avaliação dos resultados do treinamento.
- Questões para revisão.

Nem sempre as pessoas sabem exatamente o que e como fazer no seu trabalho. As empresas precisam ensinar seus colaboradores a executarem as suas tarefas da maneira como elas consideram correta. Em outros termos, os colaboradores precisam ser treinados para poder executar seu trabalho de acordo com os métodos e processos estabelecidos pela empresa, principalmente os colaboradores recém-admitidos. Se um colaborador não sabe trabalhar corretamente é porque a empresa não o treinou adequadamente para o seu cargo. Por outro lado, as pessoas constituem o capital mais rico e mais dinâmico. Os colaboradores apresentam uma enorme aptidão para o desenvolvimento e o crescimento, que é a capacidade de aprender novos conhecimentos, habilidades e competências, e de modificar e melhorar atitudes e comportamentos.

Aumente seus conhecimentos sobre **Era Digital exige aprendizado constante** na seção *Saiba mais IGH 4.1*

4.1 CONCEITO DE TREINAMENTO

O treinamento é um processo educacional por meio do qual as pessoas aprendem conhecimentos, habilidades, julgamentos e atitudes para o desempenho de seus trabalhos. É um processo educacional porque visa à formação e à preparação das pessoas, e está voltado eminentemente para o desempenho de um cargo na empresa, seja um cargo atual, seja um cargo futuro. Como processo educacional, o treinamento envolve três tipos de conteúdo, como mostrado na Figura 4.1.

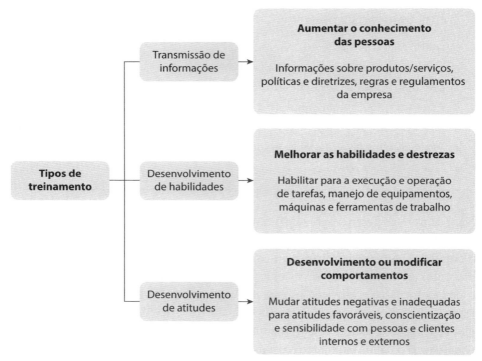

Figura 4.1 Os três tipos de conteúdo do treinamento.

1. **Transmissão de informações e de conhecimentos**: o treinamento geralmente tem por conteúdo a transmissão de informações e de conhecimentos necessários ao cargo a ser ocupado: informações sobre o trabalho, a empresa, seus produtos ou serviços, suas regras e regulamentos internos, sua estrutura organizacional etc. Esse tipo de treinamento pode ser ministrado em sala de aula, de forma remota (por videoconferência), por meio de vídeos previamente gravados, *on-line* etc.

2. **Desenvolvimento de habilidades**: o treinamento também se destina a desenvolver certas habilidades e destrezas relacionadas com o cargo atual ou futuro, seja na operação de computadores ou máquinas de calcular, no preenchimento de formulários, nos cálculos, na montagem de peças, na operação de máquinas industriais, na direção de veículos etc. Boa parte dessas habilidades é motora ou manual e seu desenvolvimento exige treino e prática constantes.
3. **Desenvolvimento de atitudes**: geralmente, mudança de atitudes negativas ou inadequadas para atitudes positivas e favoráveis. É o caso do desenvolvimento de atitudes de relações humanas (para melhorar o relacionamento entre as pessoas) e de hábitos e atitudes para com clientes ou usuários (como é o caso do treinamento de vendedores, de balconistas, de telefonistas, recepcionistas etc.). O desenvolvimento de atitudes ou mudança de hábitos visa melhorar a maneira de tratar o cliente, o colega, como se comportar, como conduzir o processo de venda, como contornar dificuldades ou negativas do cliente etc.

Ainda em termos de conceito, vale lembrar que o treinamento é também uma responsabilidade de linha e uma função de *staff*. Isso significa, como já vimos anteriormente, que o treinamento é uma responsabilidade de cada líder em relação à sua equipe de liderados. Se um funcionário não sabe fazer uma determinada tarefa do seu cargo, a responsabilidade é do seu líder. Porém, existe na empresa um órgão de *staff* especializado em treinamento que tem por função assessorar os líderes no treinamento de seus subordinados. Assim, o treinamento é uma função de *staff*, isto é, do órgão prestador de serviços de treinamento para toda a empresa. Mas a decisão é do líder.

O líder, ao notar que seus subordinados carecem de determinado tipo de treinamento, deve solicitar ao órgão de treinamento que os ensine determinado tipo de conhecimento, habilidade, competência ou atitude, quando não tiver condição pessoalmente de fazê-lo. Treinar o subordinado é responsabilidade de cada líder, em todos os níveis da organização. Manter a equipe treinada e afiada é responsabilidade de todo líder. Se ele não tem condições de treinar pessoalmente seus subordinados, deve solicitar ajuda junto ao órgão de treinamento.

4.2 FINALIDADE E IMPORTÂNCIA DO TREINAMENTO

A finalidade do treinamento é manter todas as pessoas devidamente preparadas para o desempenho de seus cargos atuais ou futuros, transmitindo-lhes informações e conhecimentos, habilidades, competências ou atitudes. Daí a importância do treinamento: sem ele, as pessoas estão despreparadas para a execução de suas tarefas na empresa e perdem eficiência e produtividade. O colaborador torna-se moroso na execução do seu trabalho, perde-se facilmente, erra a todo momento, inutiliza material, perde tempo, perde qualidade. Isso irrita o cliente, o usuário, o chefe, o colega e o próprio funcionário.

O treinamento é importante para a empresa e para o funcionário na medida em que proporciona excelência no trabalho, produtividade, qualidade, presteza, correção, utilização adequada do material e, sobretudo, a gratificação pessoal de ser bom naquilo que se faz.

De nada adiantam recursos empresariais, como máquinas sofisticadas, métodos e processos, tecnologias avançadas, sem pessoas treinadas e habilitadas. Seja na guerra, no futebol, nas orquestras ou nas empresas, o treinamento é vital para a vitória e para o sucesso.

Dissemos há pouco que o treinamento é um processo educacional. O treinamento também é um processo cíclico, porque se repete indefinidamente, sendo composto de quatro fases sequenciais:

1. Levantamento das necessidades de treinamento.
2. Programação do treinamento.
3. Execução do treinamento.
4. Avaliação dos resultados do treinamento.

Essas quatro fases podem ser assim equacionadas, conforme apresentado na Figura 4.2.

Figura 4.2 O ciclo do treinamento e suas quatro fases.

Cada uma dessas quatro fases será analisada a seguir.

4.2.1 Levantamento das necessidades de treinamento

Corresponde à primeira fase do processo cíclico do treinamento. A determinação das necessidades de treinamento corresponde ao diagnóstico do que deve ser feito, à verificação dos problemas de treinamento que ocorrem na empresa. Uma necessidade de treinamento é geralmente uma deficiência no desempenho do cargo. Ocorre necessidade de treinamento sempre que a exigência do cargo for maior do que o desempenho do ocupante, conforme a Figura 4.3.

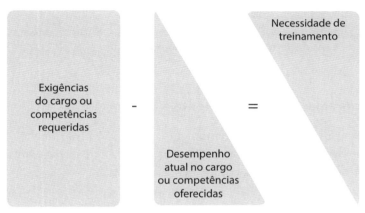

Figura 4.3 Conceito de necessidade de treinamento.

Uma necessidade de treinamento geralmente é diagnosticada por meio dos seguintes problemas atuais, isto é, que estão acontecendo no momento:

- Baixa produtividade do pessoal.
- Baixa qualidade no trabalho.
- Comunicações deficientes.
- Excesso de erros ou desperdício de tempo e de material.
- Elevado número de acidentes.
- Avarias frequentes nas máquinas ou equipamentos.

Esses problemas quase sempre ocorrem por necessidade de treinamento. Por outro lado, quaisquer mudanças futuras que venham a ocorrer dentro da empresa significam novas necessidades de treinamento, pois as mudanças na empresa provocam mudanças nas habilidades e nos comportamentos dos funcionários. Assim, também provocam necessidades de treinamento as seguintes mudanças, que ocorrem dentro da empresa:

- Expansão da empresa e admissão de novos empregados.
- Mudanças de métodos e processos de trabalho.
- Modernização dos equipamentos e das instalações da empresa.
- Produção e comercialização de novos produtos ou serviços.

Essas mudanças provocam futuras necessidades de treinamento.

O levantamento das necessidades de treinamento – carências de treinamento – é o primeiro passo para se estabelecer um programa de treinamento na empresa.

Aumente seus conhecimentos sobre **O que determina uma necessidade de treinamento** na seção *Saiba mais IGH 4.2*

4.2.2 Programação do treinamento

Verificadas as necessidades de treinamento, passa-se à programação do treinamento, que deve removê-las ou eliminá-las. Programar treinamento significa estabelecer os seguintes itens, conforme Quadro 4.1.

- Quem deve ser treinado (quais serão os treinandos).
- Em que se deve treinar (qual o conteúdo do treinamento).
- Como se deve treinar (quais as técnicas de treinamento).
- Quando se deve treinar (qual a época do treinamento).
- Onde se deve treinar (qual o local de treinamento).
- Quem fará o treinamento (quem será o instrutor).

Quadro 4.1 Itens da programação de treinamento

Quem treinar	Treinandos	Classe, grupo
Em que treinar	Conteúdo do treinamento	Manual, livro, *e-book*
Como treinar	Técnicas de treinamento	Aula, demonstração
Quando treinar	Época do treinamento	Data, horário
Onde treinar	Local do treinamento	No cargo, fora dele
Quem deve treinar	Instrutor	Chefe, especialista

A programação de treinamento planeja todos os detalhes de como será executado o treinamento, em termos de conteúdo, técnicas, períodos, local, quais os treinandos e quais os instrutores. Quando o número de treinandos é muito grande, o programa de treinamento é realizado durante anos para grupos de 20, 30 ou 40 funcionários de cada vez.

SAIBA MAIS **A importância do planejamento para o treinamento**

Entre as quatro funções administrativas, o planejamento vem em primeiro lugar, seguido da organização, da direção (liderança) e do controle. Podemos fazer uma analogia do planejamento com as duas primeiras fases do treinamento: necessidades e programação. O planejamento envolve o diagnóstico de um problema, ou seja, uma avaliação da situação atual em relação ao conhecimento das pessoas por meio do Levantamento das Necessidades de Treinamento (LNT). Efetuado o LNT e com os indicadores em mãos, toma-se a decisão do que, quem, quando, como, onde ocorrerá o treinamento e quem irá ministrá-lo. Isso requer um plano, um programa, que deve ser bem estruturado entre a Gestão Humana – GH (posição de *staff*) e os gestores envolvidos (poder de linha), a fim de que não ocorram problemas no processo produtivo por falta de mão de obra. Um planejamento mal elaborado pode causar danos para um setor, para setores interdependentes ou para a organização como um todo.

4.2.3 Execução do treinamento

A execução do treinamento consiste em fazer funcionar a programação do treinamento, isto é, reunir os treinandos, transmitir-lhes o conteúdo do treinamento por meio das técnicas escolhidas, na época e no local programados. Daí a importância da programação do treinamento e do levantamento das necessidades de treinamento que lhe deram base.

Geralmente, a execução do treinamento é feita pelo próprio órgão onde o empregado está trabalhando, pois o treinamento é uma responsabilidade de linha e ninguém melhor do que o próprio líder para executar o treinamento do subordinado. Mas o levantamento das necessidades e a programação do treinamento geralmente são feitos pelo órgão de GH, como uma função de *staff*, pois é o especialista em treinamento quem melhor pode diagnosticar onde estão as necessidades e qual a melhor programação para eliminá-las eficientemente.

A execução do treinamento pode ser feita de três maneiras diferentes, mostradas na Figura 4.4.

Figura 4.4 As três maneiras de execução do treinamento.

1. **No próprio local de trabalho:** o treinamento é executado onde o funcionário trabalha e enquanto trabalha. Não há necessidade de sair da seção para ser treinado. É o caso do treinamento das habilidades e destrezas em máquinas, equipamentos e instalações que o funcionário utiliza no seu próprio dia a dia, como calculadora, computador, aplicativos, *softwares* ou outras tecnologias avançadas.
2. **Na empresa, mas fora do local de trabalho:** o treinamento é executado em alguma sala de aula ou em outro local dentro da empresa. Não há necessidade de sair da empresa, mas o funcionário se desloca para outra seção. É o caso do treinamento de novas atitudes ou de novos conhecimentos que exigem uma sala de aula especial. É o caso também do programa de integração de novos funcionários na empresa.
3. **Fora da empresa:** o treinamento é executado em local fora da empresa ou em uma escola ou instituição externa. É o chamado treinamento externo. É o caso do treinamento de novos conhecimentos especializados que exigem instrutores especialistas de outras instituições.

TENDÊNCIAS EM GH

Técnicas modernas de treinamento

Na Era Digital, na qual se encontra a sociedade, novas ferramentas estão disponíveis para a realização de treinamentos, que ajudam a otimizar o tempo, reduzir custos, ampliar a abrangência do treinamento, entre outros benefícios. Entre essas ferramentas, podemos citar as simulações *on-line*, *softwares* disponíveis tanto na internet quanto em aplicativos de *smartphones* que podem ser parametrizados para simular atividades de uma empresa ou grupo de empresas em determinado ambiente competitivo. Essas simulações permitem que o treinando desenvolva diversas competências. A gamificação (jogos) *on-line* é outro recurso interessante, muito utilizado. Os treinamentos *on-line* também são muito usados atualmente, já que são realizados a distância por meio da internet (*e-learning*). Essas aulas podem ser assíncronas (gravadas), síncronas (em tempo real, com o instrutor presente) ou mista, com ou sem a presença de um tutor. Os novos instrumentos disponíveis com o uso da Tecnologia da Informação e Comunicação (TIC) quebram o paradigma de a capacitação ser realizada entre quatro paredes, como era o padrão até a Era Industrial.

A execução do treinamento exige a aplicação de diversas técnicas, como mostrado na Figura 4.5. As principais são:

- **Aulas expositivas**: é a principal técnica de treinamento para a transmissão de novos conhecimentos e informações. Geralmente, são utilizados recursos audiovisuais, como lousa, retroprojetor de transparências, projetor de *slides* etc.
- **Demonstrações**: é a principal técnica de treinamento para a transmissão de conhecimentos sobre operação de máquinas e equipamentos, sejam de escritório, sejam da produção fabril, sejam tecnologias emergentes.
- **Leitura programada**: é uma técnica de treinamento barata, porque se baseia na leitura programada de textos ou livros previamente indicados. Não exige instrutor e pode ser feita fora do horário de trabalho, mas exige avaliação da aprendizagem do treinando.
- **Instrução programada**: é uma técnica de treinamento nova que se baseia em grupos de informações seguidas por testes de aprendizagem que determinam se o treinando volta ao grupo anterior, se não aprendeu suficientemente, ou se vai para o grupo seguinte. Também dispensa o instrutor e a avaliação da aprendizagem.
- **Dramatização**: é uma técnica de treinamento ideal para a transmissão de novas atitudes e comportamentos. Baseia-se no faz de conta, isto é, na dramatização. É indicada para cargos que exigem contato com pessoas, como vendedores, balconistas, telefonistas etc. É muito utilizada no treinamento

sobre relações humanas no trabalho, nos cursos para chefes e supervisores sobre como lidar com subordinados etc.

- **Gamificação**: é a aplicação de uma ampla variedade de jogos para que a pessoa aprenda seguindo as regras do jogo e ao fazer e executar algo.
- **Treinamento a Distância (TaD)**: corresponde a um conjunto de ações educacionais, planejadas e desenvolvidas para serem utilizadas em um formato flexível, ou seja, tanto no contexto do tempo e espaço, onde o funcionário poderá aprender tanto de forma síncrona, com o apoio de um instrutor *on-line* em tempo real, quanto de forma assíncrona, ou seja, por meio de aulas previamente gravadas e com a utilização de diversas ferramentas que a tecnologia proporciona, tais como *e-book*, uso de vídeos disponibilizados na internet e/ou intranet, videoconferências, fóruns, *chats*, entre outros. Esses treinamentos buscam aperfeiçoar tanto as competências técnicas (conhecimentos e habilidades), quanto as competências comportamentais (atitudes), buscando trabalhar também o *fit* cultural, ou seja, o alinhamento dos objetivos individuais com os organizacionais.

Figura 4.5 As técnicas de treinamento.

É muito comum a utilização simultânea de várias dessas técnicas de treinamento, pois uma auxilia a outra, permitindo um efeito de sinergia.

4.2.4 Avaliação dos resultados do treinamento

Constitui a última etapa do processo de treinamento e serve para verificar se o treinamento que foi programado e executado realmente eliminou as necessidades de treinamento diagnosticadas anteriormente. Se os problemas diagnosticados – por exemplo, baixa produtividade, baixa qualidade, elevado índice de manutenção de máquinas e equipamentos, elevado índice de acidentes no trabalho etc. – foram eliminados, então o treinamento foi eficaz, surtiu os efeitos desejados. Porém, se os problemas diagnosticados permaneceram após o treinamento, então alguma coisa saiu errada: ou o diagnóstico foi mal feito, ou a programação não foi correta, ou, então, a execução do treinamento foi precária. Compete à avaliação dos resultados do treinamento verificar se tudo correu bem ou se algo saiu errado.

Assim, se o levantamento das necessidades de treinamento indicou uma seção com baixa produtividade e baixa qualidade no trabalho e a avaliação dos resultados do treinamento indicou que a produtividade e a qualidade melhoraram totalmente, então o treinamento surtiu o efeito desejado. Porém, se a baixa produtividade e a baixa qualidade permaneceram mesmo depois do treinamento, então se deve verificar o que aconteceu, refazendo o levantamento das necessidades, a programação e a execução do treinamento.

É por isso que se diz frequentemente que todo treinamento é feito sob medida para cada desafio existente na empresa.

Aumente seus conhecimentos sobre **KPIs dos treinamentos** na seção *Saiba mais IGH 4.3*

QUESTÕES PARA REVISÃO

1. Explique o conceito de treinamento.
2. Por que o treinamento é um processo educacional?
3. O treinamento só se refere ao cargo atual?
4. Quais são os três tipos de conteúdo do treinamento?
5. O que significa transmissão de informações e conhecimentos?
6. O que significa desenvolvimento de habilidades?
7. O que significa desenvolvimento de atitudes?
8. Por que o treinamento é uma responsabilidade de linha e uma função de *staff*?
9. Qual é a finalidade do treinamento?
10. Qual é a importância do treinamento para a empresa?
11. Qual é a importância do treinamento para o funcionário?
12. Quais são as quatro fases sequenciais do processo de treinamento?
13. Explique a primeira fase do processo de treinamento: levantamento das necessidades de treinamento.
14. Qual é o conceito de necessidade de treinamento?
15. Quais são os problemas atuais que indicam uma necessidade de treinamento?
16. Quais são as mudanças na empresa que determinam futuras necessidades de treinamento?

17. Explique a segunda fase do processo de treinamento: programação de treinamento.
18. O que se estabelece com uma programação de treinamento?
19. Comente as seguintes informações sobre o processo de treinamento: quem treinar, como treinar, quando treinar, em que treinar e por quem treinar.
20. Explique a terceira fase do processo de treinamento: execução do treinamento.
21. Quem geralmente executa o treinamento?
22. Quem geralmente faz o levantamento das necessidades e a programação de treinamento?
23. Quais são as três maneiras pelas quais se pode executar o treinamento?
24. Explique o treinamento no local de trabalho.
25. Explique o treinamento fora do local de trabalho, mas na empresa.
26. Explique o treinamento fora da empresa.
27. Quais são as principais técnicas de treinamento?
28. Explique o que são aulas expositivas.
29. Explique o que são demonstrações.
30. Explique o que é leitura programada.
31. Explique o que é instrução programada.
32. Explique o que é dramatização.
33. Explique a quarta fase do processo de treinamento: avaliação dos resultados do treinamento.
34. Por que se diz que o treinamento é feito sob medida?

5 RELAÇÕES TRABALHISTAS

O QUE VEREMOS ADIANTE

- Consolidação das leis do trabalho: importância, finalidade e aspectos gerais.
- Admissão de empregados: contrato de trabalho e tipos.
- Registro de empregados.
- Remuneração do trabalho: formas e deduções.
- Interrupção e suspensão do contrato de trabalho.
- Rescisão do contrato de trabalho: demissão, aviso prévio, indenização.
- Contribuição sindical.
- Fundo de Garantia por Tempo de Serviço (FGTS).
- Previdência Social: assistência e benefícios.
- Questões para revisão.

A parte relacionada com as relações trabalhistas, de que trataremos neste capítulo, é geralmente executada pelo Departamento de Pessoal em muitas empresas. Trata-se de uma série de atividades exigidas por lei e que são fiscalizadas pelo governo por meio do Ministério do Trabalho.

As relações trabalhistas acarretam uma série de rotinas trabalhistas que as empresas devem obedecer, seja para admitir um funcionário, para registrá-lo na empresa, para remunerá-lo ao fim de cada mês, para interromper, suspender ou rescindir seu contrato de trabalho, efetuar as contribuições sindicais ou previdenciárias, pagar suas férias, 13º salário etc. Cada uma dessas rotinas trabalhistas exige determinados impressos e formulários padronizados, que veremos a seguir. As relações trabalhistas compreendem a empresa, os seus funcionários e os sindicatos envolvidos como seus representantes.

As relações trabalhistas obedecem ao Direito do Trabalho: conjunto de princípios e regras jurídicas aplicáveis às relações individuais e coletivas entre empregador e empregados, em função do trabalho. O Direito do Trabalho tem a sua origem na Revolução Industrial, com o surgimento das grandes empresas, das grandes concentrações de capital, do assalariado e da formação das associações de trabalhadores. No Brasil, o Direito do Trabalho passou por três fases distintas:

1. **Fase do liberalismo da monarquia**: estendeu-se desde a Independência (7 de setembro de 1822) até a Abolição da Escravatura (13 de maio de 1888).
2. **Fase do liberalismo republicano**: estendeu-se desde a Proclamação da República (15 de novembro de 1889) até a Revolução de 1930.
3. **Fase intervencionista**: desde 1930 até os dias atuais. O ponto mais alto dessa fase ocorreu em 1º de maio de 1943, com a promulgação da Consolidação das Leis do Trabalho (CLT), por meio do Decreto-Lei nº 5.452, por Getúlio Vargas.

Hoje, o alicerce das relações trabalhistas no Brasil é a CLT, assunto que veremos adiante.

5.1 CONSOLIDAÇÃO DAS LEIS DO TRABALHO: IMPORTÂNCIA, FINALIDADE E ASPECTOS GERAIS

A CLT foi promulgada em 1943 e inspirou-se no regime corporativo-fascista italiano da época. Na realidade, a CLT foi uma coletânea das leis trabalhistas de então, consolidadas em uma única lei, com algumas inclusões novas. Com o passar do tempo, a CLT foi ampliada com novas leis, enquanto algumas foram eliminadas e outras modificadas. Até mesmo a recente Constituição de 1988 trouxe inúmeras modificações à CLT, com a introdução de novas leis trabalhistas, ali denominadas leis sociais. Hoje, a legislação trabalhista brasileira é relativamente complexa, fruto de um emaranhado de leis que foram sendo promulgadas ao longo do tempo, sobrepondo-se umas às outras. Mas, no seu todo, trata-se de uma legislação completa e que dia a dia vai se desenvolvendo e se aperfeiçoando.

A CLT é constituída dos títulos e capítulos enunciados apresentados no Quadro 5.1.

Quadro 5.1 Títulos e capítulos da CLT

TÍTULOS/CAPÍTULOS
I. INTRODUÇÃO
II. NORMAS GERAIS DE TUTELA DO TRABALHO
Cap. 1: Identificação Profissional (Carteira de Trabalho e Previdência Social)
Cap. 2: Duração do Trabalho (horário, descanso semanal etc.)
Cap. 2-A: Teletrabalho
Cap. 3: Salário Mínimo
Cap. 4: Férias Anuais
Cap. 5: Segurança e Medicina do Trabalho
II-A. DANO EXTRAPATRIMONIAL
III. NORMAS ESPECIAIS DE TUTELA DO TRABALHO
Cap. 1: Disposições especiais sobre duração e condições de trabalho
Cap. 2: Nacionalização do trabalho
Cap. 3: Proteção do trabalho da mulher
Cap. 4: Proteção do trabalho do menor
IV. CONTRATO INDIVIDUAL DO TRABALHO
Cap. 1: Disposições gerais
Cap. 2: Remuneração
Cap. 3: Alteração (do contrato individual)
Cap. 4: Suspensão e interrupção (do contrato individual)
Cap. 5: Rescisão
Cap. 6: Aviso Prévio
Cap. 7: Estabilidade
Cap. 8: Força Maior
Cap. 9: Disposições especiais
IV-A. REPRESENTAÇÃO DOS EMPREGADOS
V. ORGANIZAÇÃO SINDICAL
Cap. 1: Instituição sindical
Cap. 2: Enquadramento sindical
Cap. 3: Contribuição sindical
VI. CONVENÇÕES COLETIVAS DE TRABALHO
VI-A. OMISSÕES DE CONCILIAÇÃO PRÉVIA
VII. PROCESSO DE MULTAS ADMINISTRATIVAS
Cap. 1: Fiscalização, autuação e imposição de multas
Cap. 2: Recursos
Cap. 3: Depósito, inscrição e cobrança
VII-A. PROVA DE INEXISTÊNCIA DE DÉBITOS TRABALHISTAS
VIII. JUSTIÇA DO TRABALHO
Cap. 1: Introdução
Cap. 2: Juntas de Conciliação e Julgamento
Cap. 3: Juízos de Direito
Cap. 4: Tribunais Regionais do Trabalho
Cap. 5: Tribunal Superior do Trabalho

(continua)

(continuação)

>   Cap. 6: Serviços Auxiliares da Justiça do Trabalho
>   Cap. 7: Penalidades
>   Cap. 8: Disposições gerais
> IX. MINISTÉRIO PÚBLICO DO TRABALHO
>   Cap. 1: Disposições gerais
>   Cap. 2: Procuradoria da Justiça do Trabalho
>   Cap. 3: Procuradoria da Previdência Social
> X. DO PROCESSO JUDICIÁRIO DO TRABALHO
>   Cap. 1: Disposições preliminares
>   Cap. 2: Processo em geral
>   Cap. 3: Dissídios individuais
>   Cap. 3-A: Processo de jurisdição voluntária para homologação de acordo extrajudicial
>   Cap. 4: Dissídios coletivos
>   Cap. 5: Execução
>   Cap. 6: Recursos
>   Cap. 7: Aplicação das penalidades
>   Cap. 8: Disposições finais
> XI. DISPOSIÇÕES FINAIS E TRANSITÓRIAS

De acordo com a CLT, o empregador ou patrão é a empresa, pessoa jurídica constituída legalmente. Como empregador, a empresa assume determinadas obrigações legais com seus empregados:

- Oferecer condições ambientais de trabalho adequadas, isto é, que não ofereçam risco à integridade física do trabalhador.
- Remunerar de acordo com o contrato individual de trabalho e conforme determina a legislação trabalhista, no que se refere à jornada mensal de trabalho de, no máximo, 220 horas, repouso semanal remunerado, adicionais devidos (horas extras, trabalho noturno, insalubridade, periculosidade), quando for o caso, 13º salário etc.
- Proporcionar condições de gozo de férias anuais, pagamento do 13º salário e os demais direitos adquiridos pelo trabalhador.

5.2 ADMISSÃO DE EMPREGADOS: CONTRATO DE TRABALHO E TIPOS

A admissão de um empregado é feita por meio da assinatura de um contrato individual de trabalho. O contrato de trabalho é uma relação que se estabelece entre o empregado (seja funcionário de escritório, seja operário de fábrica ou qualquer tipo de trabalhador) e a empresa (seja por meio do patrão, do diretor ou do preposto). O contrato individual de trabalho estabelece uma relação de emprego entre ambos os sujeitos – patrão e empregado – por prazo determinado ou indeterminado, ou seja, com duração prefixada ou não. Na realidade, espera-se sempre que as relações entre empregado e empresa sejam duradouras e que persistam até a aposentadoria daquele.

O contrato de trabalho é o acordo tácito (verbal) ou expresso (escrito) que define uma relação de emprego. Para comprovar a identificação profissional do empregado existe a Carteira Profissional (CP), que é um documento pessoal que todo empregado deve possuir, a fim de garantir seus direitos trabalhistas. Na CP do empregado, a empresa efetua sucessivas anotações nos espaços apropriados, a respeito de data de admissão, cargo inicial e cargos ocupados ao longo do tempo, salário inicial e posteriores, anotações sobre férias, regime do FGTS, recolhimentos sindicais etc., representando o histórico profissional do empregado, isto é, o seu próprio *Curriculum Vitae* (CV) em relação ao trabalho realizado.

5.3 REGISTRO DE FUNCIONÁRIOS

Com a admissão, isto é, com a assinatura do contrato individual de trabalho e a anotação na CP, efetua-se também o registro do empregado. Isso é feito por meio do preenchimento de um formulário padronizado denominado Ficha de Registro de Empregados, que deve ser assinada pela pessoa admitida e na qual constam todas as informações a respeito do empregado, como dados pessoais, qualificação, endereço, foto, data de admissão, cargo, salário, horário de trabalho etc. Cada Ficha de Registro de Empregados tem uma numeração sequencial e exclusiva em cada empresa, e cada empregado recebe um número de registro, que passa a ser o seu código de identificação na empresa. No verso dessa ficha, há campos suficientes para acompanhar a trajetória do empregado na empresa ao longo do tempo e para registrar as alterações de contrato de trabalho, como os reajustes de salário, as promoções, as férias gozadas, as ocorrências quanto a acidentes, afastamentos etc.

Em empresas pequenas, as Fichas de Registro de Empregados são substituídas pelo Livro de Registro de Empregados, contendo os mesmos dados relativos ao contrato de trabalho. Tanto o Livro de Registro de Empregados como as Fichas de Registro, as anotações na CP ou o próprio contrato individual de trabalho são documentos comprobatórios e importantes, tanto para a empresa quanto para o empregado, razão pela qual sua guarda é exigida durante cinco anos, pois a prescrição dos direitos trabalhistas ocorre após cinco anos da extinção do contrato. Para fins previdenciários, a prescrição somente ocorre após 30 anos, exigindo sua guarda por todo esse tempo.

Na rescisão contratual, há um campo da Ficha de Registro que deve ser assinado pelo empregado, quando este devolver os documentos e os pertences da empresa que estavam em seu poder e quando a empresa efetuar a quitação do salário e as indenizações eventualmente devidas.

TENDÊNCIAS EM GH

A informatização da folha de pagamento

Atualmente, praticamente todos os processos na área operacional da Gestão Humana (GH) estão automatizados. Existe uma grande oferta de *softwares* para processamento das informações para a geração dos relatórios gerenciais e legais, decorrentes de uma admissão, cálculos automáticos para fins de férias, rescisão, benefícios, apontamento de horas extras etc. Os sistemas de computação utilizados pelas empresas geralmente são integrados com o sistema de apontamento, otimizando o tempo dos profissionais da área. Os funcionários, que antes recebiam o comprovante de pagamento (conhecido como demonstrativo ou holerite), hoje visualizam as informações nos *smartphones*, nos computadores ou nos *tablets*. Os registros dos funcionários, contendo todas as informações financeiras e dados pessoais, são automaticamente armazenados e utilizados para fins legais e para a geração dos relatórios anuais obrigatórios, como a RAIS (Relação Anual de Informações Sociais), o Informe de Rendimentos – para que os funcionários efetuem sua declaração de renda –, as guias de recolhimento dos tributos da empresa etc. Até mesmo a CP e a Previdência Social do trabalhador, hoje, podem ser digitais.

5.4 REMUNERAÇÃO DO TRABALHO: FORMAS E DEDUÇÕES

Do ponto de vista jurídico, há uma diferença entre os conceitos de remuneração e de salário: remuneração é o gênero do qual o salário é uma espécie. A remuneração compreende o conjunto dos vencimentos que o empregado recebe por sua prestação de serviços, incluindo aí o salário como a parte principal. O salário é o devido e pago pelo empregador em função do cargo ocupado pelo empregado e de seu tempo à disposição do empregador. O salário, juntamente com os adicionais, como as horas extras, o adicional noturno, o adicional por insalubridade ou periculosidade, as comissões, as gratificações, as gorjetas etc., formam a remuneração. Essa distinção jurídica, no entanto, somente tem trazido confusão sobre ambos os termos. Preferimos utilizar as palavras **remuneração** e **salário** como sinônimas.

No fundo, todo valor recebido pelo empregado em função da prestação de serviços e no decorrer do contrato de trabalho tem natureza salarial.

O salário deve obedecer aos seguintes parâmetros:

5.4.1 Salário-mínimo

A Constituição de 1988 restabeleceu a expressão **salário-mínimo** para definir o menor salário no Brasil, fixado em lei, capaz de atender às necessidades básicas do trabalhador e da família, como moradia, alimentação, educação, saúde, lazer, vestuário, higiene, transporte e previdência social. Ao trabalhador é garantido um salário nunca inferior ao mínimo. O salário-mínimo é alterado periodicamente.

SAIBA MAIS — Salário-mínimo regional

Em julho de 2000, o então presidente Fernando Henrique Cardoso assinou a Lei Complementar nº 103, permitindo aos Estados a criação do salário-mínimo regional. Essa lei complementar não é uma obrigatoriedade e, portanto, nem todos os Estados aderiram a ela. Ressalta-se o fato de que as normas que regem os valores do salário-mínimo regional devem ser homologadas pelas assembleias dos Estados e não são válidas para os servidores públicos, que têm regras específicas.

5.4.2 Piso salarial

É o salário-mínimo de determinadas categorias profissionais (como médicos, dentistas, engenheiros, químicos, arquitetos, agrônomos etc.), que é maior do que o salário-mínimo nacional devido à complexidade do trabalho. O piso salarial de um engenheiro, por exemplo, corresponde a seis vezes o salário-mínimo. É também denominado salário profissional.

5.4.3 Salário normativo

Corresponde ao piso salarial de determinadas categorias profissionais. É fixado em Convenção Coletiva de Trabalho por meio de acordo entre dois ou mais sindicatos representativos de categorias econômicas.

5.4.4 13º salário

O 13º salário, ou gratificação natalina, corresponde a 1/12 da remuneração devida no mês de dezembro por mês trabalhado, ou fração igual ou superior a 15 dias. Se houver rescisão contratual sem justa causa, o empregado recebe a fração correspondente aos meses trabalhados, tendo por base o salário do mês da rescisão. Se a rescisão for por justa causa, o empregado perde o direito à proporcionalidade do 13º salário.

O 13º consiste em mais um salário por ano: o empregado trabalha 12 meses e recebe 13 salários. Ele pode ser pago em duas parcelas, sendo a primeira parcela ou adiantamento paga por ocasião das férias, desde que o empregado o requeira no mês de janeiro daquele ano, ou entre os meses de fevereiro e novembro, conforme deliberação da empresa. A segunda parcela é paga até o dia 20 de dezembro, compensando o adiantamento feito na primeira parcela – caso a empresa não tenha realizado o pagamento da primeira parcela, deve efetuar o pagamento total até o dia 20 de dezembro.

5.4.5 Equiparação salarial

É o princípio da isonomia salarial: salário igual para trabalho igual, prestado ao mesmo empregado, na mesma localidade, sem distinção de sexo, nacionalidade ou idade. Para que o trabalho seja igual, deve haver a mesma produtividade e a mesma perfeição técnica, desde que o tempo de serviço não seja superior a dois anos.

Respeitados todos esses conceitos, o salário pode ser definido por hora (no caso de empregados horistas, como a maioria dos operários de fábricas), semana ou mês (no caso de empregados mensalistas) ou por tarefa.

5.5 INTERRUPÇÃO E SUSPENSÃO DO CONTRATO DE TRABALHO

Como o contrato individual de trabalho se estende indefinidamente ao longo do tempo, na maioria dos casos, ele pode sofrer interrupções e suspensões, sem que haja rescisão contratual. Assim, ocorre interrupção do contrato de trabalho nos seguintes casos, em que o colaborador tem direito a faltar sem prejuízo da remuneração:

- Até dois dias: por falecimento de cônjuge, ascendente, descendente, irmão ou pessoa dependente.
- Até três dias: por casamento.
- Por um dia: por nascimento de filho, para proceder ao registro civil.
- Por um dia (em cada 12 meses): para doação voluntária de sangue.
- Até dois dias: por alistamento eleitoral.
- Até 15 dias: por doença ou acidente.
- Redução da jornada de trabalho em duas horas por dia ou sete dias consecutivos quando ocorrer aviso prévio por iniciativa do empregado. No caso de trabalhador rural, um dia por semana.
- Cinco dias para licença-paternidade, válido para pai casado ou solteiro. Devem ser gozados na primeira semana após o parto. Para empresas que aderiram ao programa "Empresa Cidadã", a licença pode ser de 15 dias.

A interrupção do contrato de trabalho é feita sem prejuízo do salário e da contagem de tempo para efeito de férias, 13º salário etc. Ocorre a suspensão do contrato de trabalho nos seguintes casos:

- Incorporação do empregado ao serviço militar obrigatório.
- Licença médica por doença prolongada.
- Aposentadoria por invalidez temporária.

A suspensão do contrato de trabalho pode provocar a suspensão do salário e influencia a contagem de tempo de serviço.

5.6 RESCISÃO DO CONTRATO DE TRABALHO: DEMISSÃO, AVISO PRÉVIO, INDENIZAÇÃO, HOMOLOGAÇÃO E ESTABILIDADE

O trabalho é um dever de cada cidadão e, ao mesmo tempo, um direito que lhe deve ser assegurado para que tenha meios de subsistência e de vida digna, juntamente com a família. Por isso, o contrato individual de trabalho nem sempre tem duração preestabelecida. Contudo, a lei permite a rescisão ou a extinção do contrato individual de trabalho. E essa extinção pode ocorrer por iniciativa do empregado ou do empregador. Quando o empregado decide rescindir seu contrato de trabalho é porque geralmente encontrou outro emprego ou tem algo em vista. Contudo, quando o contrato é rescindido por decisão da empresa, podem haver graves consequências para o empregado, principalmente em momentos de crise econômica, quando uma nova colocação se torna difícil.

Para atenuar as consequências da ruptura do contrato de trabalho, tanto para a empresa quanto para o empregado, existem alguns institutos importantes, como o aviso prévio, a estabilidade e a indenização.

5.6.1 Aviso prévio

Qualquer uma das partes (empregado ou empregador) que quiser rescindir o contrato individual de trabalho, sem justo motivo, deverá avisar a outra com uma antecedência mínima de 30 dias. É o chamado aviso prévio. O empregador pode optar por pagar o aviso prévio, desligando imediatamente o empregado, mas o período correspondente ao aviso prévio integra o contrato para todos os efeitos. Uma vez concedido o aviso prévio pelo empregado ou pelo empregador, a rescisão contratual somente se efetiva com a expiração daquele prazo.

5.6.2 Estabilidade provisória

É a estabilidade garantida enquanto durarem certas condições específicas em que a possibilidade de dispensa se torna maior. Existe estabilidade provisória definida por lei ou por negociações coletivas nos seguintes casos:

- Para o dirigente sindical durante o seu mandato.
- Para os representantes de empregados na Comissão Interna de Prevenção de Acidentes (CIPA).
- Para a empregada gestante desde o início da gravidez até cinco meses após o parto.
- Para o empregado em idade de prestação de serviço militar.
- Para o empregado acidentado e readaptado em nova função etc.

5.6.3 Indenização por dispensa sem justa causa

Nos contratos por prazo indeterminado, a rescisão por iniciativa da empresa a obriga a indenizar o empregado. A indenização consiste no pagamento de um mês de salário.

5.7 CONTRIBUIÇÃO SINDICAL

Os sindicatos – tanto os patronais quanto os dos trabalhadores – dependem de determinadas receitas para poderem sobreviver e funcionar. As receitas dos sindicatos são obtidas na base de contribuições sindicais. No caso dos sindicatos de trabalhadores, a cada acordo coletivo os empregados da categoria – sindicalizados ou não – efetuam contribuições assistenciais geralmente calculadas em percentagens de seus salários atualizados pelo acordo coletivo. Além disso, os sindicatos dos trabalhadores recebem contribuições mensais de seus associados, que são os empregados sindicalizados.

Por meio da contribuição assistencial, continua predominando o instituto do sindicato único em nosso país, ou seja, a unicidade sindical: um único sindicato para cada categoria de empresas e de trabalhadores.

Aumente seus conhecimentos sobre **Contribuição sindical e contribuição assistencial são obrigatórias?** na seção *Saiba mais IGH* 5.1

5.8 FUNDO DE GARANTIA POR TEMPO DE SERVIÇO (FGTS)

O Fundo de Garantia por Tempo de Serviço (FGTS) foi instituído pela Lei nº 5.107 a partir de 1º de janeiro de 1967. Desde então, os contratos individuais de trabalho passaram a ser regidos ou pelo regime da CLT ou pelo regime do FGTS, relativamente ao tempo de serviço. Na prática, a opção pelo FGTS tornou-se obrigatória pelas empresas.

A finalidade do FGTS era obrigar o empregador a depositar todo mês uma parcela da remuneração do empregado, a fim de evitar que, em caso de dispensa sem justa causa, não houvesse dinheiro para pagar a indenização. Assim, todo mês, a empresa deve efetuar um depósito de oito por cento da remuneração paga a cada empregado, depositando os valores em uma conta bancária aberta em nome do empregado. Mês a mês, os depósitos formam o valor de um salário por ano. Os depósitos sofrem correção monetária e juros.

SAIBA MAIS — Uso dos valores do FGTS

O FGTS pode ser utilizado pelo trabalhador em algumas situações, sem que seja por seu desligamento por iniciativa da empresa, desde que não por justa causa. Um uso muito comum é para ajudar o trabalhador na compra, construção ou amortização de dívidas da casa própria. Também pode ser retirado em casos de algumas doenças graves ou na aposentadoria. O FGTS é uma das maiores fontes de financiamento habitacional, mas também financia obras de infraestrutura e de saneamento básico, como coleta e tratamento de esgoto sanitário. Atualmente, todos os trabalhadores com registro na CP têm direito ao depósito mensal feito pelo empregador, no valor de 8% de sua remuneração. Entre esses trabalhadores, estão os domésticos; os rurais, os safreiros (aqueles que trabalham somente no período da colheita), os temporários, os avulsos e os atletas profissionais (jogadores de futebol, vôlei etc.).

5.9 PREVIDÊNCIA SOCIAL: ASSISTÊNCIA E BENEFÍCIOS

A Previdência Social visa assegurar aos seus beneficiários:

- Meios indispensáveis de manutenção por motivo de incapacidade, idade avançada, tempo de serviço, encargos familiares, prisão ou morte daqueles de quem dependem.
- Serviços que visam à proteção da sua saúde e bem-estar.

Os beneficiários da Previdência Social são os segurados e seus dependentes. Convém defini-los melhor:

- **Segurado**: exerce atividade remunerada, efetiva ou eventual, com ou sem vínculo empregatício.
- **Dependentes**: esposa, companheira mantida há mais de cinco anos, marido inválido, filho menor de 18 anos ou inválido e filha solteira menor de 21 anos ou inválida; pai inválido ou mãe inválida.

A Previdência Social oferece os seguintes benefícios:

- **Benefícios para o segurado:**
  1. Auxílio-doença.
  2. Aposentadoria por invalidez.
  3. Aposentadoria por velhice.
  4. Aposentadoria por tempo de serviço ou abono de permanência.
  5. Aposentadoria geral.
  6. Auxílio-natalidade.
  7. Salário-família.
  8. Salário-maternidade.
  9. Pecúlio.

A Constituição de 1988 introduziu a licença-paternidade (5 dias) e a licença-gestante (120 dias de repouso remunerado).

- **Benefícios para os dependentes:**
  1. Auxílio-reclusão.
  2. Auxílio-funeral.
  3. Pensão.
  4. Pecúlio.

- **Para os beneficiários em geral:**
  1. Assistência médica, farmacêutica e odontológica.
  2. Assistência complementar.
  3. Assistência reeducativa e readaptação profissional.

QUESTÕES PARA REVISÃO

1. O que são relações trabalhistas?
2. Qual é o departamento da empresa que cuida das relações trabalhistas?
3. O que é direito do trabalho?
4. Como surgiu o direito do trabalho?
5. Quais são as fases do direito do trabalho no Brasil?
6. O que é a CLT e quando foi promulgada?

7. A legislação trabalhista está toda contida na CLT ou também em outras leis? Quais?
8. Qual é a importância da CLT?
9. Qual é a finalidade da CLT?
10. Quais são as obrigações do empregador?
11. O que é contrato individual de trabalho?
12. Como o contrato individual de trabalho pode ser celebrado?
13. Qual é a duração do contrato individual de trabalho?
14. O que é registro de empregado?
15. Como é efetuado o registro de empregado?
16. Como se comprova, na prática, o registro de empregados?
17. Qual é a diferença entre remuneração e salário?
18. Quais são os principais parâmetros de um salário?
19. O que é salário-mínimo?
20. O que é salário normativo?
21. O que é salário profissional?
22. O que é 13º salário?
23. O que significa interrupção do contrato de trabalho?
24. O que significa suspensão do contrato de trabalho?
25. O que significa rescisão do contrato de trabalho?
26. Como pode ocorrer a rescisão do contrato de trabalho?
27. O que é demissão?
28. O que é aviso prévio?
29. O que é indenização?
30. O que é homologação?
31. O que é estabilidade?
32. O que significa estabilidade provisória?
33. Explique a contribuição sindical.
34. Explique o FGTS.
35. Como são feitos os depósitos do FGTS?
36. Conceitue a Previdência Social.

37. Qual é a assistência oferecida pela Previdência Social?
38. Quais são os principais benefícios da Previdência Social?
39. O que significa segurado para a Previdência Social?
40. O que significa dependente para a Previdência Social?
41. Caracterize as prestações da Previdência Social.

6 GESTÃO DE SALÁRIOS

O QUE VEREMOS ADIANTE

- Análise e descrição de cargos.
- Avaliação e classificação de cargos.
- Avaliação do desempenho.
- Planos de benefícios sociais.
- Questões para revisão.

É inegável que as pessoas trabalham nas empresas para poder ganhar o seu salário. É com o salário que as pessoas podem definir o seu padrão de vida, ou seja, qual a qualidade de vida que poderão oferecer a si mesmas e aos seus familiares. Assim, o salário representa para as pessoas o seu ganha-pão, a sua principal fonte de renda. Nada mais justo as pessoas tentarem elevar os salários para melhorar de vida. Porém, para as empresas, os salários dos empregados representam uma respeitável parcela das despesas e dos custos mensais. Nada mais justo que as empresas tentarem minimizar as despesas e os custos para melhor competir no mercado. Assim, estamos frente a um assunto potencialmente conflitivo: cada qual quer puxar os salários para um lado diferente. Os empregados pretendem sempre elevá-los para viver melhor, enquanto as empresas pretendem sempre racionalizá-los para competir melhor. Para balancear esses interesses opostos, existe a **Gestão de Salários** (GS).

SAIBA MAIS — Salário como fator higiênico

Frederick Hezberg (1923-2000), psicólogo norte-americano e um dos nomes de muita influência na gestão empresarial, referenciava salário como um fator higiênico ou insatisfaciente, ou seja, não é de responsabilidade da pessoa, motivo de ser extrínseco ao indivíduo, haja vista que está relacionado com as regras da empresa. Nesse contexto, o salário para os funcionários é um fator que não motiva com uma constância a trabalhar mais; todavia, quando são percebidos como injustos, causam a desmotivação. Por si só, esse já é um motivo para que as organizações fiquem atentas na importância em fazer uma boa gestão de salários, a fim de procurar manter a justiça interna (vales coerentes com as responsabilidades dos cargos) e a justiça externa (comparativo dos valores de cada cargo com a média paga pelo mercado para cargos com funções semelhantes).

A GS é uma área da Gestão Humana (GH) que se fundamenta em um sistema lógico de comparações internas e externas dos cargos e de seus respectivos salários. O primeiro passo para se implantar a GS é fazer um programa de análise e descrição dos cargos da empresa.

Aumente seus conhecimentos sobre **O primeiro passo para a Gestão de Salários** na seção *Saiba mais IGH 6.1*

6.1 ANÁLISE E DESCRIÇÃO DE CARGOS

Toda empresa possui uma estrutura organizacional de cargos e de órgãos, representada pelo organograma (Quadro 6.1). Quando o organograma retrata a estrutura de órgãos, temos as diretorias, as superintendências, as divisões, os departamentos, as seções etc. Quando o organograma retrata a estrutura dos cargos, temos os diretores, os superintendentes, os gerentes de divisão, os chefes de departamento, os supervisores de seção etc.

Sabemos que o organograma é dividido em diferentes níveis hierárquicos verticais (autoridade e responsabilidade) e em diferentes áreas de especialização horizontais (departamentalização ou divisionalização). Cada **órgão** se situa em determinado nível (diretoria, divisão, departamento, seção etc.) e em determinada área de especialização da empresa (finanças, marketing, produção/operações, GH etc.). Cada **órgão** é constituído de vários cargos e cada cargo é preenchido por um ou mais ocupantes. Assim, o primeiro passo para implantar a GS é conhecer o que cada pessoa na empresa faz, isto é, conhecer a tarefa de cada ocupante de cargo. Em outras palavras, precisa-se descrever e analisar cargos.

Quadro 6.1 Os órgãos e os cargos na estrutura organizacional

Estrutura organizacional	
Órgãos	**Cargos**
Diretorias	Diretores
Divisões	Gerentes de divisão
Departamentos	Chefes de departamento
Seções	Supervisores

Toda pessoa executa várias tarefas ou atividades na empresa. Um conjunto de tarefas executadas repetidamente constitui uma função. Um conjunto de funções com determinada posição no organograma constitui um cargo. Descrever um cargo significa alinhar todas as tarefas executadas pelo seu ocupante, executadas diariamente, semanalmente, mensalmente ou esporadicamente. A descrição de cargo representa o elenco das tarefas que deverão ser executadas pelo ocupante do cargo. Essas tarefas precisam ser verificadas e relacionadas no formulário de descrição de cargo, conforme Quadro 6.2.

Quadro 6.2 Formulário de descrição de cargos

Descrição de cargo
Nome do cargo: **Divisão/Departamento:**
Quais as tarefas que executa diariamente?
Quais as tarefas que executa semanalmente?
Quais as tarefas que executa mensalmente?
Quais as tarefas que executa esporadicamente?

Feita a descrição de cargo, passa-se à sua análise. Analisar um cargo significa verificar o que o ocupante precisa ter ou conhecer para poder executar as tarefas (diárias, semanais, mensais ou esporádicas) exigidas pelo cargo. Uma recepcionista, por exemplo, para utilizar o computador, precisa ter instrução secundária ou compatível com os sistemas computacionais que precisa manipular, além de experiência profissional prévia no atendimento e relacionamento com pessoas, para desenvolver bem sua atividade. Se ela também utiliza planilhas eletrônicas, precisa possuir aptidão lógica e numérica e ser experiente no uso dessa ferramenta. A análise de cargos procura verificar aquilo que o ocupante precisa possuir como bagagem pessoal para poder executar as tarefas exigidas pelo cargo. No fundo, a análise de cargos troca em miúdos aquilo que foi verificado na descrição de cargos, por meio de fatores de análise de cargos:

- **Requisitos mentais**: exigidos pelo cargo, ou seja, qual a instrução escolar e quanto anos de experiência anterior no cargo o ocupante deverá possuir para preencher o cargo.
- **Requisitos físicos**: exigidos pelo cargo, ou seja, qual o esforço físico dispendido no cargo e qual o grau de concentração exigido pelo cargo.
- **Responsabilidades envolvidas**: pelo cargo, ou seja, quais as responsabilidades por máquinas, equipamentos ou dinheiro no desempenho do cargo.

Os fatores de análise de cargos são geralmente divididos em três grupos, conforme Quadro 6.3: requisitos mentais, requisitos físicos e responsabilidades envolvidas.

Quadro 6.3 Os fatores de análise de cargos

Grupos	Fatores de análise de cargos
Requisitos mentais	■ Instrução escolar necessária ao cargo ■ Experiência anterior necessária
Requisitos físicos	■ Esforço físico necessário ■ Concentração necessária
Responsabilidades envolvidas	■ Responsabilidade por máquinas e bens ■ Responsabilidade por dinheiro

TENDÊNCIAS EM GH

Competências socioemocionais

Em um mundo onde as mudanças ocorrem em uma velocidade nunca antes vista pela humanidade, as empresas passaram a contemplar como premissa para o ocupante de determinados cargos, o que os profissionais da área chamam de *soft skills*, ou seja, competências socioemocionais. São habilidades que a pessoa desenvolveu ao longo de sua vida e que fazem com que possa lidar com suas emoções com maior assertividade. Essas competências são responsáveis pela forma como o indivíduo se relaciona, administra pressão, soluciona problemas, se automotiva, colabora e atua em equipe, resolve conflitos, demonstra proatividade, flexibilidade e adaptabilidade, entre outras competências. Diante desse novo cenário, muitos cursos de nível superior já inseriram em seu currículo escolar disciplinas que tratam do tema ou projetos interdisciplinares que buscam desenvolver ou aprimorar essas competências nos estudantes.

Os fatores de análise de cargos proporcionam um instrumento de medida para analisar comparativamente todos os cargos da empresa. Na realidade, os fatores de análise funcionam como parâmetros que apresentam valores diferentes para cada cargo. Todo cargo exige alguma instrução escolar, mas cada cargo exige uma quantidade específica dela. Todo cargo exige alguma experiência profissional anterior, mas cada cargo exige uma diferente experiência profissional, e assim por diante. Cada empresa escolhe os fatores de análise de acordo com a natureza de seus cargos, isto é, os fatores de análise devem permitir uma análise comparativa de todos os cargos existentes na empresa.

Quase sempre, todavia, os fatores de análise são aproximadamente aqueles que enunciamos anteriormente. Para facilitar a análise de cargos, as empresas elaboram um formulário específico, no qual estão colocados os fatores de análise e seus respectivos graus de variação, geralmente denominados graus *a*, *b*, *c* e *d*, como na Figura 6.1.

ANÁLISE DE CARGO

Nome do cargo: _____
Divisão/departamento: _____

Para executar as tarefas exigidas pelo cargo acima, assinale abaixo o grau de cada um dos requisitos que o ocupante deverá possuir, fazendo um X no espaço entre os parênteses.

I) Requisitos mentais
1) Instrução ou escolaridade:
   ( ) Ensino fundamental
   ( ) Ensino médio
   ( ) Ensino superior
2) Experiência profissional anterior:
   ( ) Experiência prévia de 6 meses
   ( ) Experiência prévia de 1 ano
   ( ) Experiência prévia de 2 anos
   ( ) Experiência prévia de 3 anos ou mais

II) Requisitos físicos
1) Esforço físico necessário ao cargo:
   ( ) Trabalho levíssimo sem nenhum esforço físico
   ( ) Trabalho leve com pouco esforço físico
   ( ) Trabalho regular com algum esforço físico
   ( ) Trabalho pesado com muito esforço físico
2) Concentração mental ou visual necessária:
   ( ) Trabalho simples e sem nenhuma concentração
   ( ) Trabalho regular e com pouca concentração
   ( ) Trabalho cansativo com alguma concentração
   ( ) Trabalho desgastante com excessiva concentração

III) Responsabilidades do cargo
1) Responsabilidade por máquinas e equipamentos:
   ( ) O ocupante não lida com máquinas e equipamentos
   ( ) Pouquíssima responsabilidade por bens da empresa
   ( ) Alguma responsabilidade por bens da empresa
   ( ) Muita responsabilidade por máquinas e equipamentos
2) Responsabilidade por dinheiro:
   ( ) O ocupante não lida com dinheiro da empresa
   ( ) O ocupante lida com pouco dinheiro da empresa
   ( ) O ocupante lida com algum dinheiro da empresa
   ( ) O ocupante lida com muito dinheiro da empresa

Figura 6.1 Formulário de análise de cargo.

A descrição e a análise de cargos proporcionam uma visão mais ampla e profunda do conteúdo do cargo e das características que o ocupante deverá possuir para poder preenchê-lo adequadamente. O passo seguinte é avaliar e classificar os cargos descritos e analisados.

6.2 AVALIAÇÃO E CLASSIFICAÇÃO DE CARGOS

Avaliar um cargo é estabelecer o seu valor relativo em comparação com os demais cargos da empresa. A avaliação de cargos está preocupada em estabelecer um sistema de valores capaz de permitir uma comparação relativa entre os cargos da empresa. Feita a avaliação dos cargos, pode-se efetuar a classificação. Classificar um cargo é ordená-lo em classes de cargos com valores equivalentes. A classificação de cargos estabelece classes de cargos que possuem características e valores equivalentes, e, portanto, faixas salariais comuns.

 Aumente seus conhecimentos sobre **A importância da política salarial** na seção *Saiba mais IGH 6.2*

Para se proceder à avaliação de cargos, o primeiro passo é transformar o esquema de fatores de análise de cargos em fatores de avaliação de cargos. Isso significa que cada um dos fatores de análise deve ser ponderado e pontuado. Vejamos no Quadro 6.4 o que isso significa.

Quadro 6.4 Ponderação dos fatores de análise

Fatores de análise	Ponderação (%)
REQUISITOS MENTAIS	
Instrução escolar	25
Experiência profissional	20
REQUISITOS FÍSICOS	
Esforço físico necessário	10
Concentração necessária	12
RESPONSABILIDADES ENVOLVIDAS	
Por máquinas e equipamentos	18
Por dinheiro	15
TOTAL	100

O conjunto de fatores de avaliação deve proporcionar um total de 100%. Ponderar significa verificar qual a percentagem que cabe a cada um dos fatores. Seja a seguinte ponderação (ou participação percentual) dos fatores de análise que serão transformados em fatores de avaliação. Veja o Quadro 6.5.

Quadro 6.5 Tabela de pontos dos fatores de avaliação de cargos

Fatores de avaliação	Ponderação (%)	Graus a	b	c	d
Instrução escolar	25	25	50	75	100
Experiência profissional	20	20	40	60	80
Esforço físico	10	10	20	30	40
Concentração necessária	12	12	24	36	48
Responsabilidade por máquinas e equipamentos	18	18	36	54	72
Responsabilidade por dinheiro	15	15	30	45	60

Feita a ponderação, os fatores de análise serão transformados em fatores de avaliação de cargos por meio da pontuação. Pontuação é a transformação dos graus de cada fator em um valor de pontos. Com a pontuação, elabora-se uma tabela de pontos para cada um dos fatores de avaliação e seus respectivos graus de variação (Quadro 6.6).

Quadro 6.6 Planilha de avaliação de cargos

Cargos a avaliar		Fatores de avaliação						
		Instrução escolar	Experiência	Esforço físico	Concentração	Máquinas e equipamentos	Dinheiro	Total de pontos
Auxiliar de escritório	Grau	b	b	b	b	b	a	-
	Pontos	50	40	20	24	36	15	185
Digitador	Grau	b	b	c	b	b	a	-
	Pontos	50	40	30	24	36	15	195
Aux. Contabilidade	Grau	c	c	b	c	b	a	-
	Pontos	75	60	20	36	36	15	242

Com a análise dos cargos e com a tabela de pontos dos fatores de avaliação, efetua-se a avaliação dos cargos da empresa, transformando os graus de cada um dos fatores de análise em número de pontos, conforme a tabela de pontos. Geralmente, utiliza-se uma planilha de avaliação de cargos, conforme o exemplo apresentado no Quadro 6.6.

Feita a planilha de avaliação de cargos, cada cargo passa a ter um determinado número de pontos, por meio da soma dos valores dos pontos que o cargo alcançou em cada um dos fatores de avaliação. O passo seguinte é a classificação dos cargos, isto é, a sua colocação em classes de pontos. Por exemplo, a classe I possui cargos cujos valores vão de 100 a 150 pontos; a classe II, de 151 a 200 pontos; e assim por diante. Os valores inferiores e superiores de cada classe de pontos variam enormemente de empresa para empresa. Mas o importante é que cada classe de pontos passa a ter um valor de salário. Como o salário é reajustado periodicamente conforme a inflação, o custo de vida, a produtividade etc., a cada reajuste salarial efetua-se simplesmente a mudança do valor de cada classe de pontos, conforme o índice aplicado nos salários. Observe o exemplo do Quadro 6.7.

Quadro 6.7 Classes de cargos e respectivas faixas salariais

Classes de cargos	Valores em pontos	Faixas salariais
I	de 100 a 150	de R$ 300,00 a R$ 450,00
II	de 151 a 200	de R$ 451,00 a R$ 600,00
III	de 201 a 250	de R$ 601,00 a R$ 750,00
etc.	etc.	etc.

A classificação de cargos permite que cada cargo possua uma faixa salarial que é comum a todos os cargos que tenham valores equivalentes em pontos. Normalmente, a faixa salarial contém o salário de admissão, o salário após o período experimental e o salário teto da faixa para os empregados que, ao longo do tempo, apresentem um desempenho excepcional no cargo, conforme a avaliação do desempenho. Assim, a avaliação do desempenho tem importante papel na remuneração do pessoal e no seu treinamento e desenvolvimento.

6.3 AVALIAÇÃO DO DESEMPENHO

É comum na nossa vida cotidiana avaliar o desempenho de quase tudo: do relógio que deve funcionar direitinho, do carro do papai que deslancha mais do que o dos outros concorrentes, do som da guitarra que chega a picos que doem os ouvidos,

dos amigos e confidentes que são sempre leais e sinceros, do(a) namorado(a) que faz enormes sacrifícios para o futuro do casal, do(a) professor(a) que sempre sabe dar respostas adequadas, e assim por diante. Essa avaliação do desempenho é algo que fazemos a todo momento e em todas as situações: o livro que lemos, o filme a que assistimos, o jogo de futebol, o restaurante ou o bar da esquina... E como não podia deixar de ser, as empresas também se preocupam em avaliar o desempenho de seus funcionários, para saber se são bons, se estão trabalhando dentro das expectativas, se precisam ser treinados, promovidos, substituídos, motivados ou simplesmente aconselhados.

A avaliação do desempenho também é uma responsabilidade de linha, isto é, uma atribuição de cada chefe em relação aos seus subordinados. Ninguém melhor do que o chefe para avaliar os funcionários. Cada chefe deve avaliar os seus subordinados de acordo com os critérios e os sistemas adotados para toda a empresa por meio do órgão de GH. Nesse sentido, a avaliação do desempenho, além de responsabilidade de linha, é uma função de *staff*.

Existem vários sistemas de avaliação do desempenho e cada empresa adota aquele que mais se aproxima das suas políticas de pessoal e das características dos cargos envolvidos. O sistema de avaliação do desempenho mais frequente é o chamado sistema de escalas gráficas. Trata-se de um sistema baseado em um gráfico de dupla entrada, em que nas linhas estão os fatores de avaliação do desempenho e nas colunas os graus desses fatores. O Quadro 6.8 retrata um exemplo do sistema de escalas gráficas, em que os fatores de avaliação do desempenho são os mais frequentemente encontrados nas empresas.

Quadro 6.8 Avaliação do desempenho pelo sistema de escalas gráficas

Fatores de avaliação do desempenho	Fraco	Sofrível	Regular	Bom	Ótimo
QUANTIDADE DE TRABALHO do funcionário	Pouca ( )	Alguma ( )	Média ( )	Grande ( )	Enorme ( )
QUALIDADE DO TRABALHO do funcionário	Péssima ( )	Sofrível ( )	Regular ( )	Boa ( )	Excelente ( )
CONHECIMENTO DO TRABALHO do funcionário	Pouco ( )	Algum ( )	Médio ( )	Grande ( )	Profundo ( )
PONTUALIDADE do funcionário	Nenhuma ( )	Pouca ( )	Regular ( )	Bastante ( )	Extrema ( )
ASSIDUIDADE do funcionário	Nenhuma ( )	Pouca ( )	Regular ( )	Bastante ( )	Extrema ( )

Cada chefe recebe um formulário contendo as escalas gráficas, conforme o exemplo dado, e o preenche, anotando em cada fator de avaliação qual o grau que mais se aproxima do desempenho do subordinado. Em seguida, rubrica o formulário e o encaminha ao órgão de Pessoal para a devida análise, e relata verbalmente ou por escrito o que sugere que seja feito com o subordinado: se deve ser promovido, mantido no cargo ou então submetido a treinamento, aconselhamento, reciclagem em alguma função etc.

Aumente seus conhecimentos sobre **Descontentamentos com a avaliação do desempenho** na seção *Saiba mais IGH 6.3*

6.4 PLANOS DE BENEFÍCIOS SOCIAIS

O salário que recebe em função do cargo que ocupa constitui apenas uma parcela daquilo que o empregado efetivamente recebe da empresa. A outra parcela da remuneração é feita por meio da concessão de benefícios sociais. Na maior parte das vezes, a fim de economizar tempo e esforço dos funcionários e obter deles maior produtividade e dedicação, as empresas oferecem certas facilidades e vantagens que levam o nome de benefícios sociais.

Benefícios sociais são aquelas facilidades, conveniências, vantagens e serviços que as empresas oferecem aos seus empregados, no sentido de poupar-lhes esforços e preocupações, e melhorar a sua qualidade de vida. Tal é a sua variedade e sua importância no cotidiano dos empregados, que os benefícios sociais constituem meios indispensáveis na manutenção dos empregados e na preservação de um nível satisfatório de motivação e de produtividade.

Os benefícios sociais podem ser classificados em benefícios legais e benefícios espontâneos. Vejamos cada um deles.

Benefícios legais: são os benefícios exigidos pela legislação trabalhista ou previdenciária, pela Constituição ou, ainda, por convenção coletiva entre sindicatos.

Os principais benefícios legais são os seguintes:

- 13º salário.
- Férias e abono de férias.
- Aposentadoria.
- Assistência médico-hospitalar gratuita e extensiva aos familiares – se não estiver estipulado na Convenção Coletiva da categoria, a empresa não tem a

obrigação de fornecer o convênio médico ou seguro-saúde, haja vista que existe a gratuidade desse benefício pelo Sistema Único de Saúde (SUS).
- Auxílio-doença.
- Salário-família.
- Salário-maternidade.
- Adicional de horas extras (50%).
- Adicional por trabalho noturno.
- Seguro de acidentes do trabalho.
- Vale-transporte etc.

Benefícios espontâneos: são os benefícios concedidos por liberalidade pelas empresas aos colaboradores.
- Gratificação natalina.
- Planos de empréstimos.
- Serviço social.
- Refeitório: com refeições e restaurante para o pessoal. Geralmente, os custos das refeições são rateados entre empresa e funcionários em proporções que dependem das políticas internas.
- Transporte: quase sempre uma frota de ônibus para transportar o pessoal de suas casas para a empresa e vice-versa. Os custos são rateados entre empresa e os colaboradores em proporções variadas, sendo que algumas empresas oferecem transporte gratuito.
- Assistência médico-hospitalar diferenciada mediante convênio.
- Previdência privada ou planos de complementação de aposentadoria.
- Planos de seguro de vida em grupo.
- Planos recreativos, como grêmio, clube, programas de atividades esportivas ou turísticas.
- Estacionamento gratuito e privativo dos colaboradores.
- Cooperativa de gêneros alimentícios.
- Agência bancária no local de trabalho etc.

Os benefícios sociais espontâneos podem ser pagos parcialmente pela empresa e parcialmente pelos colaboradores em proporções que variam muito no mercado. Algumas empresas chegam a pagar a quase totalidade de alguns dos benefícios oferecidos, deixando aos colaboradores uma parcela simbólica. Outras empresas rateiam proporcionalmente os custos.

A importância dos planos de benefícios sociais é tão grande que muitos colaboradores desistem de ofertas de emprego com salários maiores em outras empresas, porque teriam de desembolsar muito mais para poder usufruir de certos benefícios que são gratuitos ou subvencionados no emprego atual. Tanto assim que é muito comum se falar em salário e em benefícios sociais oferecidos pela empresa como um pacote de remuneração, pois os benefícios sociais significam dinheiro para o colaborador, isto é, dinheiro que ele deixa de desembolsar. Daí a razão de os planos de benefícios sociais serem tratados juntamente com assuntos de remuneração e salários.

SAIBA MAIS **Benefícios como estratégia**

As empresas que buscam atrair talentos para seu processo de recrutamento e seleção possuem a estratégia de oferecer benefícios que possam despertar a atenção dos candidatos, principalmente quando o mercado de trabalho possui muita oferta de emprego para determinada posição e poucos candidatos qualificados. Como já mencionado, os benefícios também ajudam na retenção dos talentos, haja vista que, mesmo quando uma oferta de salário de um concorrente possa ser atrativa, o funcionário colocará na balança se vale a pena sair de onde está, caso tenha bons benefícios. Todavia, por ser uma remuneração indireta, é um dos itens que mais pesam na composição financeira da folha de pagamento de uma organização. É, portanto, um item que deve ser muito bem gerenciado com os fornecedores e em conformidade com o *budget* (orçamento) e os recursos financeiros da empresa.

QUESTÕES PARA REVISÃO

1. Qual é o significado do salário para as pessoas?
2. Qual é o significado do salário para a empresa?
3. Por que o salário é um assunto conflitivo?
4. Conceitue a GS.
5. Por que a GS é necessária?

6. Qual é o primeiro passo para a implantação da GS?
7. Que tipos de estruturas o organograma é capaz de retratar?
8. Explique o que significa estrutura de órgãos.
9. Explique o que significa estrutura de cargos.
10. O que significam os diferentes níveis hierárquicos do organograma?
11. O que significam as diferentes áreas de especialização do organograma?
12. Conceitue função.
13. Conceitue cargo.
14. O que significa descrever um cargo?
15. Conceitue descrição de cargo.
16. O que significa analisar um cargo?
17. Conceitue análise de cargo.
18. Quais são os fatores de análise de cargos?
19. Em que grupos estão divididos os fatores de análise de cargos?
20. Conceitue requisitos mentais.
21. Quais são os fatores relacionados com requisitos mentais?
22. Conceitue requisitos físicos.
23. Quais são os fatores relacionados com requisitos físicos?
24. Conceitue responsabilidades envolvidas.
25. Quais são os fatores relacionados com as responsabilidades envolvidas?
26. Conceitue fatores de análise de cargo.
27. O que são graus?
28. O que significa avaliar um cargo?
29. Conceitue avaliação de cargo.
30. O que significa classificar um cargo?
31. Conceitue classificação de cargo.
32. Qual é o primeiro passo para a classificação de cargos?
33. O que são fatores de avaliação?
34. Qual é a diferença entre fatores de avaliação e fatores de análise?
35. O que significa ponderar os fatores?
36. O que significa pontuar os fatores?
37. Explique a tabela de pontos dos fatores de avaliação.

38. Explique a planilha de avaliação de cargos.
39. O que são classes de cargos?
40. Conceitue avaliação do desempenho.
41. Explique a avaliação do desempenho como responsabilidade de linha e função de *staff*.
42. Qual é o sistema de avaliação do desempenho mais frequente?
43. Explique o sistema de escalas gráficas.
44. O que são fatores de avaliação do desempenho?
45. Quais são os principais fatores de avaliação do desempenho?
46. Explique como funciona a avaliação do desempenho.
47. Conceitue benefícios sociais.
48. Para que servem os planos de benefícios sociais?
49. Qual a importância dos benefícios sociais?
50. Classifique os benefícios sociais.
51. O que são benefícios legais e benefícios espontâneos?
52. Como são pagos os benefícios espontâneos?

7 HIGIENE E SEGURANÇA DO TRABALHO

O QUE VEREMOS ADIANTE

- Higiene e medicina do trabalho.
- Condições ambientais de trabalho.
- Segurança do trabalho.
- Questões para revisão.

Tudo o que estudamos até agora sobre a Gestão Humana (GH) tem por objetivo a obtenção, a manutenção e o desenvolvimento de uma força de trabalho motivada e integrada à empresa. Contudo, é necessário também que essa força de trabalho seja preservada e protegida de todos os riscos e ameaças que porventura possam ocorrer no desempenho do trabalho. E é essa a missão da higiene e segurança do trabalho: a proteção e a preservação das pessoas, garantindo-lhes condições ambientais e pessoais para a execução de suas atividades. A parte relacionada com a higiene do trabalho compete à higiene e medicina do trabalho, enquanto a parte relacionada com a segurança do trabalho compete à Segurança do Trabalho, como veremos a seguir.

7.1 HIGIENE E MEDICINA DO TRABALHO

A higiene e medicina do trabalho é a área que se preocupa com a preservação da saúde das pessoas e com a manutenção de condições de trabalho higiênicas e saudáveis. No fundo, preocupa-se com a qualidade da saúde e a qualidade de vida dos colaboradores, pois a saúde de cada pessoa também depende do ambiente onde ela vive e trabalha.

Para alcançar esses dois objetivos, a higiene e medicina do trabalho torna-se responsável pelos seguintes aspectos:

- **Exame médico pré-admissional**: ou seleção médica dos candidatos a trabalho na empresa – para garantir que os recém-admitidos tenham condições de saúde satisfatórias e não tenham nenhuma doença contagiosa que possa colocar em risco a saúde dos demais colaboradores.
- **Exames médicos periódicos**: para acompanhar e assegurar as condições de saúde dos colaboradores, principalmente daqueles que trabalham em condições ambientais desfavoráveis.
- **Ambulatório médico**: para consultas médicas eventuais e tratamentos ambulatoriais, quando necessários.
- **Campanhas periódicas de vacinação ou de orientação médica**: voltadas aos colaboradores nos casos de surtos de doenças transmissíveis ou de epidemias.
- **Monitoração das condições ambientais de trabalho**: no sentido de erradicar as condições insalubres e proteger a saúde dos colaboradores.

Na realidade, o papel da higiene e medicina do trabalho não é de gabinete – isto é, de consultório médico –, mas, sobretudo, de atuar de maneira global e envolvente para garantir a saúde e a qualidade de vida de toda a população de colaboradores da empresa.

SAIBA MAIS

Função da higiene e medicina do trabalho

A higiene e medicina do trabalho está focada na proteção e na manutenção da saúde dos colaboradores. Esse é o seu papel fundamental. Isso envolve saúde física e mental, ou seja, proteção contra doenças físicas ou mentais. É uma área que possui importante função, pois quanto mais problemas de saúde podem ocorrer no ambiente de trabalho, maiores serão os custos operacionais da empresa, haja vista que com menor quantidade de profissionais, menor será a produtividade. Um exemplo interessante ocorreu em janeiro de 2022. A pandemia do novo Coronavírus, com uma variante mais contagiosa (Ômicron), agregada a um surto de gripe, ocasionou afastamentos em diversos empreendimentos, afetando, inclusive, as empresas de aviação, que ficaram com a quantidade de tripulantes reduzida devido ao afastamento por motivo de saúde, sendo obrigadas a cancelar diversos voos. Restaurantes e bares não ficaram de fora desse surto. É claro que algumas variáveis não são controladas, mas é possível prevenir.

7.2 CONDIÇÕES AMBIENTAIS DE TRABALHO

Todo trabalho é executado em algum local e dentro de um determinado ambiente de trabalho. Esse ambiente de trabalho pode ser agradável e bonito, como no caso de alguns escritórios sofisticados, ou pode ser desagradável e horrível, como no caso de algumas empresas industriais ou extrativas, onde o indivíduo trabalha sob calor intenso ou em câmaras frigoríficas, sob ruído intenso, com gases e substâncias químicas agressivas, ou em minas subterrâneas. Assim, existem condições ambientais saudáveis e condições ambientais insalubres, condições ambientais seguras e condições ambientais perigosas e arriscadas.

Dentro da abordagem de iniciação ao assunto, veremos a seguir os principais aspectos relativos às condições ambientais de trabalho: a iluminação e o ruído.

7.2.1 Iluminação

A iluminação significa a quantidade de luminosidade que incide no local de trabalho do colaborador. Não se trata da iluminação em geral, mas a quantidade de luz no ponto focal de trabalho. Ponto focal é o local onde o indivíduo utiliza a sua visão para executar suas tarefas e atividades. A unidade de medida da iluminação é o lux. Os padrões de iluminação em luxes são estabelecidos de acordo com o tipo de tarefa e o grau de concentração visual necessário para a execução dessa tarefa. Assim, quanto maior a concentração visual em detalhes e minúcias, mais necessária é a luminosidade no ponto focal de trabalho, como sugere o Quadro 7.1.

Quadro 7.1 Padrões de iluminação para tarefas visuais (em luxes)

Classe de iluminação	Tipos de tarefas	Quantidade de luxes
Classe 1	Tarefas variadas e simples e de pouquíssima concentração visual	250 a 500
Classe 2	Tarefas simples e de observação contínua de detalhes	500 a 1.000
Classe 3	Tarefas visuais de concentração envolvendo detalhes e precisão	1.000 a 2.000
Classe 4	Tarefas detalhadas e contínuas de extrema concentração visual	+ de 2.000

Quando a iluminação está abaixo dos padrões especificados, a atividade é considerada insalubre e sujeita ao adicional de insalubridade.

A boa iluminação é um fator higiênico de trabalho e deve atender a dois requisitos:

1. **Ser suficiente**: de modo que cada foco luminoso forneça a quantidade de luminosidade necessária a cada tipo de trabalho. Ser suficiente significa que a luminosidade não seja pouca, nem demasiada. Os dois casos extremos – insuficiência e exagero – provocam fadiga visual, cansaço físico e consequente perda de produtividade.
2. **Ser constante e uniformemente distribuída**: de modo a evitar a fadiga decorrente das sucessivas acomodações visuais pelos contrastes violentos de luz e sombra, e as oposições de claro e escuro.

7.2.2 Ruído

O ruído é qualquer som ou barulho indesejável. Quando muito forte, pode influenciar a saúde do funcionário e afetar ou reduzir sua capacidade de audição. A medida de intensidade do ruído é o bel. Contudo, para efeito de mensuração ao nível da capacidade humana, utiliza-se geralmente o decibel (db). A menor vibração sonora audível corresponde a 1 db, enquanto os sons extremamente fortes e intensos provocam sensação dolorosa nos ouvidos a partir de 120 db. O Quadro 7.2 dá uma ideia aproximada de alguns valores de intensidade de ruído.

O nível máximo de intensidade de ruído permitido em lei é 85 db. Acima desse nível o ambiente de trabalho é considerado insalubre e sujeito ao adicional de insalubridade. Há, porém, duas formas de se evitar a insalubridade por ruído:

1. **Eliminar o ruído na fonte produtora**: mediante manutenção das máquinas ou equipamentos barulhentos ou, então, sua substituição ou confinamento.
2. **Utilização de equipamento de proteção individual (EPI)**: isto é, utilização de protetor auricular em cada pessoa exposta ao ruído, para protegê-la de seu efeito.

Aumente seus conhecimentos sobre **Insalubridade e periculosidade** na seção *Saiba mais IGH 7.1*

Quadro 7.2 Níveis aproximados de ruído, em decibéis

Tipos de ruído	Decibéis
Murmúrio	30
Conversação normal	50
Tráfego intenso	70
Início da fadiga causada por barulho	75
Apitos e sirenes	85
Escapamento de caminhões	90
Começo da perda de audição	90
Máquinas de estaqueamento	110
Serrarias	115
Limiar de sensação dolorosa	120
Prensa hidráulica	125
Avião com turbinas a jato	130

7.3 SEGURANÇA DO TRABALHO

A Segurança do Trabalho é o conjunto de atividades relacionadas com a prevenção de acidentes e com a eliminação de condições inseguras de trabalho. A finalidade da Segurança do Trabalho é prevenir acidentes e criar condições seguras de trabalho. Para alcançar esses dois objetivos, a Segurança do Trabalho desenvolve as seguintes atividades:

- **Monitoração de todas as atividades da empresa**: para mapear onde estão as condições inseguras de trabalho e eliminá-las ou reduzi-las.
- **Estabelecer normas de segurança**: para todas as atividades da empresa que envolvam algum risco de acidente ou alguma condição insegura.
- **Conscientizar e convencer os funcionários**: a respeitar as normas de segurança, executando suas tarefas sem risco de acidentes.

A Segurança do Trabalho deve ser uma preocupação de todas as pessoas na empresa. A rigor, ela é uma responsabilidade de linha, isto é, uma competência de cada chefia. Mas é também uma função de *staff*, pois compete ao órgão de segurança monitorar, criar normas e procedimentos de segurança e treinar e conscientizar os funcionários quanto a sua adoção. Mas em cada departamento da empresa, cabe ao chefe fazer valer essas normas de segurança.

7.3.1 Tipos de acidentes no trabalho

Não se deve confundir o órgão de segurança com a Comissão Interna de Prevenção de Acidentes (CIPA). A CIPA é uma exigência legal para todas as empresas com certo número de empregados. Ela é composta de representantes da empresa e de representantes dos empregados que são eleitos periodicamente. À CIPA cabe apontar as condições inseguras, enquanto ao órgão de segurança, cabe apontar as soluções.

Um acidente de trabalho é um fato não premeditado do qual resulta dano considerável para o patrimônio, para a pessoa ou para ambos. A palavra **acidente** significa algo imprevisto, mas perfeitamente evitável na maioria dos casos. A segurança procura minimizar os acidentes de trabalho. O acidente provoca danos ao patrimônio quando afeta máquinas, equipamentos, instalações etc. Provoca danos às pessoas quando produz lesão corporal, doença, perda parcial ou total da capacidade para o trabalho, que pode ser provisória ou permanente, ou, ainda, a morte. Existem os seguintes tipos de acidentes:

- **Acidentes sem afastamento**: quando o empregado continua a trabalhar normalmente após o acidente. Esse tipo não consta das estatísticas de acidentes, por não provocar perda de horas trabalhadas.
- **Acidentes com afastamento**: quando o empregado deixa de trabalhar durante algum tempo devido às consequências do acidente. Os acidentes com afastamento podem resultar em:
  - **Incapacidade temporária**: perda total da capacidade para o trabalho, que pode perdurar por um ou mais dias. No retorno, o empregado assume o cargo sem redução de sua capacidade.
  - **Incapacidade permanente parcial**: redução da capacidade para o trabalho motivada pelo acidente. A incapacidade permanente parcial pode ser a perda de qualquer membro ou parte dele; a perda parcial da visão ou da audição, ou, ainda, qualquer outra lesão ou perturbação que diminua a capacidade de trabalho.
  - **Incapacidade total permanente**: perda total e em caráter permanente da capacidade de trabalho. A incapacidade total permanente pode ser a perda

da visão ou da audição, ou qualquer outra lesão ou perturbação que torne o empregado inválido.

- **Morte.**

Todo e qualquer acidente é um sinistro que afeta a integridade física do empregado, sua segurança e de sua família. Afeta também o ritmo de trabalho da empresa pelas consequências que produz entre os demais empregados.

7.3.2 Estatísticas de acidentes

As estatísticas de acidentes são feitas por meio de dois coeficientes: Coeficiente de Frequência (CF) e Coeficiente de Gravidade (CG).

1. **CF**: significa o número de acidentes com afastamento que ocorrem em cada 1 milhão de homens/horas trabalhadas durante o mês. Permite comparações com todos os tamanhos de empresas. Seu cálculo é feito por meio da seguinte equação:

$$CF = \frac{N^{\circ} \text{ de acidentes com afastamento} \times 1.000.000}{N^{\circ} \text{ de homens/horas trabalhadas no mês}}$$

O número de acidentes com afastamento ocorridos no mês é colocado no dividendo e multiplicado por 1.000.000. O divisor é o resultado do número de empregados da empresa multiplicado pelo número de horas trabalhadas no mês. O número máximo de horas trabalhadas instituído pela atual Constituição é de 44 horas semanais e, portanto, 220 horas mensais.

2. **CG**: significa o número de dias perdidos e computados em cada um milhão de homens/horas trabalhadas durante o mês. Os dias perdidos constituem a soma dos dias de afastamento (por incapacidade temporária ou incapacidade permanente parcial) e dos dias computados (quando ocorre morte ou incapacidade total permanente e cujo afastamento é definitivo). Os dias computados obedecem a uma tabela, que reproduzimos parcialmente no Quadro 7.3.

Quadro 7.3 Tabela de dias computados para o cálculo do CG

Natureza do acidente	Dias computados
Morte	6.000
Incapacidade total e permanente (invalidez)	6.000
Perda da visão de ambos os olhos	6.000
Perda do braço acima do cotovelo ou perna acima do joelho	4.500
Perda do braço abaixo do cotovelo ou perna abaixo do joelho	3.600
Perda da audição de ambos os ouvidos	3.000
Perda da mão	3.000
Perda da visão de um olho	1.800
etc.	

O cálculo do CG é feito por meio da seguinte equação:

$$CG = \frac{N^{\circ} \text{ de dias perdidos } + \text{ dias computados} \times 1.000.000}{N^{\circ} \text{ de homens/horas trabalhadas no mês}}$$

Algumas empresas se caracterizam por baixos CF e altos CG. Isso significa que existem poucos acidentes, mas quando eles ocorrem são de extrema gravidade. Outras empresas, por sua vez, caracterizam-se por altos CF e baixos CG, o que significa que existem muitos acidentes, mas de pouca gravidade. O ideal seria a ocorrência de baixos coeficientes, tanto de frequência quanto de gravidade. O Quadro 7.4 apresenta alguns CFs e CGs.

Quadro 7.4 Alguns CFs e CGs

Tipos de indústrias	Coeficientes de Frequência (CF)	Coeficientes de Gravidade (CG)
Extração de minerais	57,02	2.527
Empresas metalúrgicas	56,43	2.049
Empresas químicas	28,35	1.100
Produtos farmacêuticos	26,26	916
Empresas têxteis	29,18	904
Material elétrico e comunicações	19,83	572
Diversas	24,78	597

Fonte: extraído da Associação Brasileira para Prevenção de Acidentes.

> **SAIBA MAIS** — **Atividades para redução dos acidentes**
>
> Acidentes de trabalho devem ser evitados a todo custo. Muitas fábricas comemoram os dias trabalhados sem qualquer tipo de acidente e fazem até verdadeiras trilhas com seus colaboradores para avaliar quanto tempo trabalham sem consequências negativas. Uma verdadeira aposta que cada área ou seção faz com as demais. Em outras palavras, uma verdadeira disputa, um verdadeiro campeonato.
>
> Além dessa ação, muito comum nas indústrias e na construção civil, muitas empresas trabalham com programas preventivos, capacitação e, principalmente, conscientização dos profissionais para o uso correto dos EPIs. Muitos acidentes ocorrem tanto pela falta de atenção quanto pela indisciplina do trabalhador, que, mesmo sabendo como utilizar o equipamento, acredita que não precisa e que nada irá ocorrer.

7.3.3 Causas de acidentes de trabalho

Afinal, o que causa um acidente de trabalho? As principais causas dos acidentes de trabalho podem ser:

- **Condição insegura de trabalho**: qualquer condição existente na empresa e que predispõe ao acidente. Por exemplo, escadas escorregadias, piso oleoso, máquina ou equipamento sem proteção ao operador, motor com polia descoberta, instalação elétrica com fios descascados etc.
- **Ato inseguro**: qualquer comportamento que predispõe ao acidente. Por exemplo, correr pelas escadas, distrair-se no serviço com máquinas, lidar com instalações elétricas sem a devida proteção etc.

A prevenção de acidentes procura eliminar ou reduzir as condições inseguras na empresa e doutrinar e conscientizar os empregados a não violarem as normas de segurança. Em princípio, todo acidente pode e deve ser evitado. E toda empresa deve se dedicar a isso. A qualidade de vida das pessoas se fundamenta na segurança do trabalho.

QUESTÕES PARA REVISÃO

1. Para que serve a higiene e segurança do trabalho?
2. Qual é a parte relacionada com a higiene do trabalho?
3. Qual é a parte relacionada com a segurança do trabalho?
4. Conceitue higiene e medicina do trabalho.
5. Quais são os dois objetivos da higiene e medicina do trabalho?
6. O que é qualidade de vida?
7. Quais são os principais aspectos da higiene e medicina do trabalho?
8. O que é exame médico pré-admissional?
9. Conceitue condições ambientais de trabalho.
10. Conceitue a iluminação como condição ambiental de trabalho.
11. Qual é a unidade de medida da iluminação?
12. O que são padrões de iluminação? Dê exemplos.
13. O que significa insalubridade por iluminação?
14. Quais são os dois requisitos de uma boa iluminação?
15. Conceitue ruído como condição ambiental de trabalho.
16. Qual é a unidade de medida do ruído?
17. Descreva alguns tipos de ruídos e suas intensidades.
18. O que significa insalubridade por ruído?
19. Qual é o nível máximo de ruído permitido por lei?
20. Quais são as formas de eliminar a insalubridade por ruído?
21. O que é EPI?
22. Conceitue Segurança do Trabalho.
23. Por que a Segurança do Trabalho é uma responsabilidade de linha e uma função de *staff*?
24. O que é a CIPA?
25. Qual a diferença entre CIPA e Segurança do Trabalho?
26. Conceitue acidente de trabalho.
27. Quais são os tipos de acidentes de trabalho?
28. Qual é a diferença entre acidentes com e sem afastamento?
29. Que tipos de incapacidade podem provocar os acidentes com afastamento?

30. Qual é a diferença entre incapacidade temporária e incapacidade permanente parcial?
31. O que são estatísticas de acidentes?
32. Quais são as estatísticas de acidentes mais conhecidas?
33. Conceitue CF.
34. Qual é a equação para calcular o CF? Explique-a.
35. Conceitue CG.
36. Qual é a equação para calcular o CG? Explique-a.
37. Por que algumas empresas têm alto CF e baixo CG? Explique.
38. Por que algumas empresas têm baixo CF e alto CG? Explique.
39. Quais são as principais causas dos acidentes de trabalho?
40. O que é ato inseguro?
41. O que é condição insegura?
42. Como prevenir acidentes?

ÍNDICE ALFABÉTICO

A
Absenteísmo, 40
Acidentes
   com afastamento, 92
   de trabalho, 95
      causas de, 95
      tipos de, 92
   sem afastamento, 92
Adicional
   de horas extras (50%), 82
   por trabalho noturno, 82
Administração
   de salários, 9
   dos recursos empresariais, 4
Admissão de empregados, 58
Agências de recrutamento, 25
Ambulatório médico, 88
Análise
   das fontes de recrutamento, 20
   das requisições de funcionários, 19
   de cargos, 72, 74-76, 79
Anúncios em jornais, revistas, internet ou redes sociais, 25
Apresentação de candidatos pelos funcionários da empresa, 23
Aptidões, 35
Arquivo de candidatos, 23
Assistência, 66
   médico-hospitalar, 82

Atividades para redução dos acidentes, 95
Ato inseguro, 95
Aulas expositivas, 51
Auxílio-doença, 82
Avaliação
   de cargos, planilha de, 78, 79
   do desempenho, 79, 80
      pelo sistema de escalas gráficas, 80
   dos resultados
      da seleção, 40
      do treinamento, 52
   e classificação de cargos, 77
Aviso prévio, 63-64

B
Banco de talentos, 24
Benefícios, 66
   como estratégia, 83
   espontâneos, 82
   legais, 81
   para o segurado, 67
   para os dependentes, 67
   sociais, 81
Boa iluminação, 90
Brain tease, 36

C
Campanhas periódicas de vacinação ou de orientação médica, 88

Candidatos
    potenciais, 15
    reais, 15
Cargos, 73
Cartazes na portaria da empresa, 23
Carteira profissional, 59
Ciclo do treinamento e suas quatro fases, 46
Classes de cargos, 79
Coeficiente
    de frequência (CF), 93
    de gravidade (CG), 93
Comissão Interna de Prevenção de Acidentes (CIPA), 92
Competências
    comportamentais, 41
    socioemocionais, 75
    técnicas, 41
Compradores, 14
Condição(ões)
    ambientais de trabalho, 89
        iluminação, 89
        ruído, 90
    insegura de trabalho, 95
Consolidação das Leis do Trabalho, 56
    títulos e capítulos da, 57
Contrato de trabalho, 58, 59
Contribuição sindical, 65

D

13º salário, 62
Demissão, 63
Demonstrações, 51
Departamentalização, 9
Dependentes, 66
Descrição de cargos, 72
Desenvolvimento
    de atitudes, 45
    de habilidades, 45

Direito do Trabalho, 56
    fase do liberalismo da monarquia, 56
    fase do liberalismo republicano, 56
    fase intervencionista, 56
Dramatização, 36, 51

E

Empresas
    de pequeno porte, 9
    e seus recursos, 2
    industriais, 2
    prestadoras de serviços, 2
Entrevista de seleção, 32
Equipamento de proteção individual (EPI), 90
Equiparação salarial, 62
Escolha
    das técnicas de recrutamento, 20
    do conteúdo do recrutamento, 20
Estabilidade, 63
Estabilidade provisória, 64
Estatísticas de acidentes, 93
Estratégia da marca no recrutamento, 22
Estrutura organizacional do órgão de gestão humana, 10
Exame(s) médico(s)
    periódicos, 88
    pré-admissional, 88
Execução do treinamento, 49, 50

F

Faixa salarial, 79
Fases
    da seleção de pessoal, 37
    do recrutamento, 18
        análise das
            fontes de recrutamento, 20
            requisições de funcionários, 19

Índice Alfabético

escolha
  das técnicas de recrutamento, 20
  do conteúdo do recrutamento, 20
  recepção de triagem dos candidatos, 21
Fatores
  de análise de cargos, 74
  de produção, 2
Fichas de registro de empregados, 59
Finalidade e importância
  da seleção de pessoal, 31
  do recrutamento, 18
  do treinamento, 45
    avaliação dos resultados do treinamento, 52
    execução do treinamento, 49
    levantamento das necessidades de treinamento, 47
    programação do treinamento, 48
Fluxograma de um processo
  convencional de recrutamento e seleção de pessoal, 38
  sofisticado de recrutamento e seleção de pessoal, 39
Fontes de recrutamento, 21
Formulário
  de análise de cargo, 76
  de descrição de cargos, 73
Função
  da higiene e medicina do trabalho, 88
  de *staff*, 31, 45
Fundo de Garantia por Tempo de Serviço (FGTS), 65

G

Gamificação, 36, 51, 52
Gestão
  de salários, 71
  humana, 1, 4
  funções, 5
  objetivos e funções da, 4
  órgãos da, 7, 9
  e funções, 9
  princípios da moderna, 7
Google, 41
Gratificação natalina, 82

H

Hezberg, Frederick, 72
Higiene, 9, 87
Homologação, 63

I

Iluminação, 89
Incapacidade
  permanente parcial, 92
  temporária, 92
  total permanente, 93
Indenização, 63
  por dispensa sem justa causa, 64
Informatização da folha de pagamento, 60
Insalubridade por ruído, 90
Instrução programada, 51
Interrupção do contrato de trabalho, 62, 63
Intersecção entre o mercado de trabalho e o mercado de candidatos, 16
Itens da programação de treinamento, 48

L

Leis sociais, 56
Leitura programada, 51
Levantamento das necessidades de treinamento, 47, 49
Liberalismo
  da monarquia, 56
  republicano, 56

Livro de registro de empregados, 59
Lucro, 2

M
Medicina do trabalho, 87
Meio ambiente, 13
Mercado
   de candidatos, 13, 15
      em situação de oferta e de procura, 16
   de trabalho, 13-15
      em situação de oferta e de procura, 15
Moderna gestão humana, 5
Monitoração
   das condições ambientais de trabalho, 88
   de todas as atividades da empresa, 91
Morte, 93

N
Necessidade de treinamento
   conceito de, 47
Níveis aproximados de ruído, 91
Normas de segurança, 91

O
Objetivos e funções da gestão humana, 4
Operacional × estratégico, 6
Organizações
   públicas, 1
   sociais, 1, 2
Organograma, 72
Órgãos, 73
   da gestão humana, 7, 9
   e funções, 9

P
Padrões de iluminação para tarefas visuais, 89
Pandemia do coronavírus, 88
Pessoal, 9
Piso salarial, 61
Planejamento para o treinamento
   importância do, 49
Planilha de avaliação de cargos, 78, 79
Planos
   de benefícios sociais, 81
   de empréstimos, 82
   de seguro de vida, 82
   recreativos, 82
Políticas de pessoal, 6
Ponderação, 78
   dos fatores de análise, 77
Pontuação, 78
Posição
   da gestão humana na estrutura organizacional da empresa, 7
   do órgão de gestão humana
      em uma empresa de pequeno e médio porte, 8
      no organograma da empresa, 8
Previdência
   privada, 82
   social, 66
Princípio(s)
   da isonomia salarial, 62
   da moderna gestão humana, 7
Programação do treinamento, 48
Provas
   de conhecimentos ou de capacidade, 33
   dissertativas ou tradicionais, 33
   objetivas, 34

R
Recepção de triagem dos candidatos, 21

Índice Alfabético

Recrutamento
  como um sistema de
    informação, 17
  de pessoal, 13
  de pessoal conceito de, 17
  e seleção, 9
  escolha
    das técnicas de, 20
    do conteúdo do, 20
  externo, 21, 22
  fases do, 18
  finalidade e importância do, 18
  fontes de, 21
  interno, 21, 22
  técnicas de, 23
Recursos, 2
  administrativos, 3
  empresariais, 2
  financeiros, 3
  humanos, 3
  materiais, 3
  mercadológicos, 3
Refeitório, 82
Registro de funcionários, 59
Relação(ões)
  pessoa-trabalho, 10
  trabalhistas, 55, 56
Remuneração do trabalho, 60
Requisição de funcionário, 19, 20
Requisitos
  físicos, 74
  mentais, 74
Rescisão do contrato de trabalho, 60, 63
Responsabilidades envolvidas, 74
Revolução industrial, 56
Ruído, 90
  na fonte produtora, 90

S

Salário, 60, 61, 71
  como fator higiênico, 72
  normativo, 62
  profissional, 61
Salário
  -família, 82
  -maternidade, 82
  -mínimo, 61
  regional, 61
Segurado, 66
Segurança, 9
  do trabalho, 87, 91
    causas de acidentes de
      trabalho, 95
    estatísticas de acidentes, 93
    tipos de acidentes no
      trabalho, 92
Seguro de acidentes do trabalho, 82
Seleção
  avaliação dos resultados da, 40
  de pessoal, 29, 30, 31
    conceito de, 30
    fases da, 37
    finalidade e importância da, 31
    técnicas de, 32
    na visão estratégica, 40
Serviço social, 82
Simulação, 36
  técnicas de, 36
Simulações on-line, 51
Sindicatos, 65
Sistema
  de avaliação do desempenho, 80
  de escalas gráficas, 80
Situação
  de equilíbrio, 14
  de oferta, 14-16
  de procura, 14-16

Soft skills, 75
Suspensão do contrato de trabalho, 62

T
Tabela de pontos dos fatores de avaliação de cargos, 78
Técnicas
   de recrutamento, 23
   de seleção
      de pessoal, 32
         entrevista de seleção, 32
         provas de conhecimentos ou de capacidade, 33
         técnicas de simulação, 36
         testes psicométricos, 35
   na era digital, 36
   de simulação, 36
   de treinamento, 52
   modernas de treinamento, 50
Tecnologia da informação, 25
Testes psicométricos, 35
Títulos e capítulos da CLT, 57

Transmissão de informações e de conhecimentos, 44
Transporte, 82
Treinamento, 9
   a distância (TAD), 52
   conceito de, 44
   de pessoal, 43
   execução do, 49, 50
   finalidade e importância do, 45
   fora da empresa, 50
   na empresa, mas fora do local de trabalho, 50
   no próprio local de trabalho, 50
   técnicas, 52
      modernas de, 50

U
Uso dos valores do FGTS, 66

V
Vale-transporte, 82
Vendedores, 14
Visita a escolas e universidades, 24